아름다운 인생을 향한
노래 여정

KB192931

아름다운 인생을 향한

노래 여정

발성에서 무대까지

임규관 지음

인생과 노래로 빚어낸 아름다움

지난 여름 올림픽 개막식에서 셀린 디옹이 부른 〈사랑의 찬가
Hymne à l'amour〉는 내게 큰 감동을 주었다. 그녀의 노래는 단순한
멜로디를 넘어 삶의 모든 순간을 감싸안는 강렬한 울림으로 다가
왔다. 이 감동을 품고 매일 아침 산행을 나섰다. 산행 중 프랑스어
가사를 외우며 걷는 그 시간은 내게 새로운 활력을 불어넣어 주었
다. 성악이 단순한 취미를 넘어 삶을 풍요롭게 만드는 매개체가 되
었음을 다시금 깨달았다.

학창 시절 음악 시간은 내게 기다려지는 특별한 시간이었다. 〈오
솔레 미오O Sole Mio〉, 〈카로 미오 벤Caro Mio Ben〉, 〈푸니쿨리 푸니쿨
라Funiculi, Funiculà〉 같은 이탈리아 가곡을 부르며 흥겹게 노래했던
그 순간들이 내 마음속에 여전히 선명히 남아 있다. 그때의 즐거움
은 성인이 되어 어느 날 우연히 성악을 배우라는 권유를 받으면서
되살아났다. 그 권유는 내 인생을 바꾼 결정적인 계기였다. 성악은
단순한 취미를 넘어 인생 2막의 중심이 되었다.

10년 전 시작된 성악의 여정은 내가 예상치 못한 길로 나를 이

끌었다. 음악과는 거리가 멀었던 내 삶은 성악을 통해 완전히 달라 졌다. 아름다운 인생Bella Vita을 같이 만들고 공유하고자 7년 전 벨라비타 문화예술원을 설립하고 벨라비타 성악 오페라 최고위과정을 오픈하였다. 지금까지 9기, 250명의 졸업생이 이 과정을 거쳤으며 이들과의 경험은 내게 큰 보람을 주었다. 이 과정에서는 발성 훈련을 기본으로 한국 가곡과 이탈리아 가곡, 오페라 아리아, 영화 OST와 같은 다양한 레퍼토리를 배우며 자신만의 목소리를 찾는 여정을 제공한다.

성악의 여정에 관련된 다양한 경험과 연구를 소재로 지난 5년간 아시아 타임즈에 60번 이상 칼럼을 기고했고 이를 바탕으로 내용을 보강해서 책을 만들게 되었다. 이 책이 제공하는 모든 팁과 지침은 실제 교수님들의 수업과 레슨 그리고 나의 경험을 바탕으로 정리했다. 필자가 연구 분석하며 달성한 싱글 골퍼의 경험과 성악 발성의 기본 원리가 너무 흡사하여 골프와 성악의 원리 비교를 곳곳에 인용하였다. 발성과 호흡을 안정적으로 유지하는 기술부터 무대 위에서 실수를 줄이고 자신감을 높이는 방법, 가곡과 오페라 아리아를 부르는 전략, 그리고 노래와 인생을 조화롭게 가꾸는 방법까지 다양한 내용을 담았다. 이 책이 독자들에게 단순한 지침서가 아니라 노래와 인생을 함께하는 든든한 동반자가 되기를 희망한다.

　나의 꿈은 노래를 통해 더 많은 사람들과 희망과 행복을 나누는 것이다. 성악은 단순한 취미를 넘어 삶의 질을 높이고 새로운 목표를 부여하며 성장의 기회를 제공하는 매개체다. 이 책이 많은 독자들에게 삶의 아름다움과 희망을 전하는 매개체가 되기를 간절히 바란다. 예술과 인생을 조화롭게 가꾸는 법을 찾고자 하는 모든 이들이 자신만의 목소리를 발견하는 여정에 동참하기를 희망한다.

　끝으로 이 여정에서 함께해 준 가족과 동료들에게 깊은 감사의 마음을 전한다. 무엇보다도 이 모든 재능을 허락하신 돌아가신 어머니께 감사드린다. 어머니의 사랑과 가르침이 없었다면 지금의 나는 존재하지 못했을 것이다. 언제나 묵묵히 지켜봐 주고 응원해

준 아내와 아들 재현, 딸 다영에게도 진심으로 감사의 마음을 전한다.

또한 출판을 위해 도움을 준 출판사 홍정표 사장님과 스태프, 신문 칼럼의 기회를 제공해 준 아시아 타임즈 강현직 주필님께도 감사드린다. 벨라비타 성악 오페라 최고위과정을 함께 이끌어 준 든든한 동료들, 이원구 고문님, 하만택 주임교수님, 지진호 공연이사님, 손영미 홍보이사님, 서진경 운영실장님께도 진심으로 감사를 드린다.

2024년 깊어가는 가을
노래와 인생의 여정을 함께 나누며.

목차

프롤로그: 인생과 노래로 빚어낸 아름다움 4

I 노래의 여정, 발성에서 무대까지

1. 노래와 인생의 만남 15

아름다운 노래 아름다운 인생 15

노래 잘 부르고 싶다 19

2. 성악 발성의 기본 이해하기 24

노래는 발성이고 발성은 기술이다 24

호흡 조절과 발성 29

성대 붙임과 밀도 있는 소리 내기 34

동굴 소리, 공명 사용법 39

정확한 발음과 딕션 훈련 44

균형 있는 자세와 안정적 발성 49

3. 성악 발성 응용하기 53

합창과 앙상블의 조화 53

발성의 지탱과 유지법 57

고음 발성과 골프 장타의 원리 60

발성의 도구로서 성악 이용 64

일상 속 발성 훈련, 자동차에서 노래 연습하기 67

중장년의 팬덤, 임영웅의 발성 69

4. 공연 준비와 무대 경험 73
  첫 무대를 위한 노래 연습하기 73
  첫 공연 준비 77
  첫 무대 공연 성공하기 81

Ⅱ 노래 부르기, 곡 해석과 연주 전략

1. 한국 가곡 부르기 87
  한국 가곡 이해하기 87
  그리움과 향수를 노래 90
    가고파 90
    고향의 노래 93
    그리운 금강산 96
    내 맘의 강물 100
    비목 104
    향수 108
  사랑과 이별의 감정 112
    첫사랑 112
    마중 116
    님이 오시는지 120
    동심초 125

목차

자연을 노래함 129
강 건너 봄이 오듯 129
눈 133
청산에 살리라 139

삶과 철학 143
삶이 그대를 속일지라도 143

2. 이탈리아 가곡 및 외국 가곡 부르기 148

이탈리아 가곡 이해하기 148

이탈리아 가곡 부르기 153
오 솔레 미오(O Sole Mio) 153
카로 미오 벤(Caro Mio Ben) 157
돌아오라 소렌토로(Torna a Surriento) 160
나를 잊지 말아요(Non ti scordar di me)166
무정한 마음(Core ´ngrato) 170

외국 가곡 부르기 175
독일 가곡 슈베르트의 세레나데(Ständchen) 175
프랑스 샹송 사랑의 찬가(Hymne à l´amour) 180

3. 오페라 아리아 부르기 187

오페라 아리아 이해하기 187

오페라 아리아 부르기 192

남몰래 흐르는 눈물(Una Furtiva Lagrima) 192
오 사랑하는 나의 아버지(O mio babbino caro) 197
울게 하소서(Lascia ch′io pianga) 200
별은 빛나건만(E lucevan le stelle) 204
아무도 잠들지 마라(Nessun dorma) 209
축배의 노래 (Brindisi) 213

4. 영화 OST와 뮤지컬 넘버, 행사 노래 부르기 222

영화 《미션》 주제가, 넬라 환타지아(Nella Fantasia) 222
영화 《대부》 주제가, 더 작게 말해요(Parla Più Piano) 228
영화 《시네마 천국》 주제가, 만약에(Se) 232
뮤지컬 《지킬 앤 하이드(Jekyll & Hyde)》 넘버, 〈지금 이 순간〉 238
우정의 노래(Stein Song) 243
유 레이즈 미 업(You Raise Me Up) 246

I
노래의 여정,
발성에서 무대까지

1
노래와 인생의 만남

아름다운 노래 아름다운 인생

2014년, 우연히 성악을 배워보지 않겠냐
는 권유를 받고 성악을 시작한 것은 필자의
인생에 새로운 장을 열었다. 소년 시절 즐
겨 부르던 가곡을 제대로 소화해 보고자 시
작했던 성악은 이제 인생 2막의 중심이 되
었다. 성악을 통해 삶을 더욱 풍요롭게 꾸
려가는 모습에 지인들은 부러움을 표하며
"나도 저렇게 멋지게 노래했으면 좋겠다",
"노래하는 사람들과 함께하는 시간이 행복
할 것 같다"라고 감탄을 전한다. 성악은 이

필자의 첫 공연 모습

제 단순한 취미를 넘어 삶의 질을 높이고 새로운 목표를 주는 매개체가 되었다.

필자는 음악 전공자가 아닌 통신 대기업의 임원으로 오랜 시간 근무해 왔고 대학에서 IT 융합과 테크노 경영을 강의해 온 4차 산업혁명 전문가이다. 기술과 경영의 최전선에서 활동해 온 이력에 성악이라는 새로운 도전을 더하며 예술과 삶의 균형을 찾고 있다.

고등학교 시절, 음악 시간에 한국 가곡과 이탈리아 가곡을 부르는 시간이 가장 즐거웠다. 〈오 솔레 미오〉, 〈카로 미오 벤〉, 〈푸니쿨리 푸니쿨라〉, 〈라 스파뇨라〉 같은 이탈리아 가곡을 배우며 신나게 노래 연습을 했고 그 시간이 기다려졌던 감성 깊은 소년이었다. 그때 배운 가곡들은 40여 년이 지난 지금도 가사 하나하나가 생생히 기억날 정도로 뚜렷이 각인되어 있다.

노래를 좋아했던 필자는 다양한 모임에서도 자발적으로 노래를 앞장서서 불렀는데 오랜 시간이 지나 가곡을 다시 배우기 시작했을 때는 또 다른 설렘으로 다가왔다. 성악 공부를 한다고 했더니 친구가 "너에게 딱 맞는 취미"라며 격려해 주었고 그 말이 큰 힘이 되어 더욱 열심히 성악에 몰두하게 되었다.

성악을 배운 지 얼마 지나지 않아 동창회에서 공연을 하게 되었고 요양원에서 노래 봉사를 하며 기쁨을 느꼈다. 모임에서 노래를 부르라 하면 주저 없이 일어나 노래를 불렀고 그럴 때마다 자존감이 최고조에 달했다. 노래로 얻은 작은 성공과 행복이 삶을 더욱 풍요롭게 만들었다.

돌아가신 어머님이 요양병원에 입원하셨을 때 병실의 할머님들과 잘 지낼 수 있도록 고민하던 중 필자는 노래를 선택했다. 〈그네〉, 〈보리밭〉, 〈고향의 봄〉, 〈푸른 하늘 은하수〉 등 익숙한 노래를 어르신들께 불러드리며 어머님과 병실의 할머님들 사이가 더욱 가까워졌다. 할머님들은 "노래 잘 부르는 아들이 언제 오냐"라고 물으셨고 덕분에 어머님은 병실에서 친목을 빠르게 쌓을 수 있었다.

성악을 배운 것이 어머님께 효도를 드리는 데 얼마나 큰 도움이 되었는지 새삼 깨달았다. 노래는 단순한 취미를 넘어 사람들 사이를 연결하고 따뜻한 추억을 소환하는 힘을 지녔고 그 힘으로 어머님과 병실의 할머님들에게 따뜻한 시간을 선사했다.

'아름다운 인생Bella Vita'을 더 많은 사람들과 나누기 위해 성악 오페라 최고위과정을 만들었다. 기업인, 변호사, 아나운서, 기자 등 다양한 직업을 가진 이들이 이 과정에 참여하며 참가자들의 노래 경험도 매우 다채롭다. 노래방에서 노래 한 번 해본 적 없는 사람부

벨라비타 성악 오페라 최고위과정 창립공연, 2018년 1월 19일

2018년, 벨라비타 1기 졸업공연

터 성악가를 꿈꾸었던 사람까지 서로 다른 배경을 가진 이들이 함께 격려하고 토론하며 끊임없이 연습해 나간다.

처음엔 어색해하고 잘 못 부르지만 졸업공연에서는 눈에 띄게 성장한 참가자들의 모습에 스스로도 놀라게 되고 이 모습을 지켜보는 가족과 친구들도 깊은 감동을 받는다. 쉰 목소리로 노래 한 번 부른 적 없던 사업가가 〈오 솔레 미오〉를 완창해 관객들로부터 기립 박수를 받는 감동의 순간도 있었다.

이 과정은 단순히 노래를 배우는 것을 넘어 자신의 한계를 극복하고 새로운 자아를 발견하는 여정이 되었다. 각기 다른 배경과 경험을 가진 사람들이 예술과 음악을 통해 공감하고 소통하며 성장하는 과정 속에서 이 프로그램은 참가자들에게 예술과 인생이 교차하는 특별한 경험을 선사한다.

선진국에서는 부동산, 금융 자산, 자동차와 같은 물질적 지표로 중산층을 정의하지 않는 경향이 강해지고 있다. 음악, 미술, 문학

등 예술 관련 취미를 통해 삶의 질을 얼마나 높이는가가 중산층의 기준이 되는 경우가 많다. 경제적 여유를 넘어서 예술적 활동을 통해 자신의 삶을 행복하게 만드는 것에 가치를 두는 것이다.

우리나라도 이제는 단순한 경제적 성공보다 삶의 진정한 가치와 행복을 찾기 위한 문화를 확산해 나가야 할 필요가 있다. 예술과 취미 활동은 정서적 만족과 사회적 유대감을 강화하며 진정한 행복으로 가는 길을 여는 열쇠가 된다.

노래 잘 부르고 싶다

필자가 운영하는 성악 오페라 최고위과정에 입학한 이유는 사람마다 다양하지만 그 근본에는 노래를 잘 부르고자 하는 열망이 있다. 어린 시절 즐겨 부르던 가곡을 제대로 배워보고 싶은 마음으로 시작하는 사람도 있고 합창단에서 다른 사람들에게 피해를 주지 않기 위해 더 나은 발성법을 배우고자 하는 경우도 많다. 어릴 적 이루지 못한 성악가의 꿈을 되찾기 위해 도전하는 이들도 적지 않다. 목소리를 개선하고 싶은 욕구에서 출발한 사람도 있으며 친구가 "혼자 가기엔 창피하니 같이 가자"라는 제안에 동의해 함께 시작하는 경우도 있다. 이처럼 각기 다른 출발점에서 모였지만 이들의 목표는 결국 노래 실력을 키우고 자신감을 쌓는 것이라 할 수 있다.

입학하고 나서 처음에는 앞에 나가서 노래하는 것을 보고 "왜 들

벨라비타 성악 오페라 최고위과정 수업 과정

어왔냐?"라고 서로 낄낄대며 비웃지만 몇 달 안 되어 "어! 왜 이렇게 노래가 늘었지?" 하면서 감동하고 질투하곤 한다. 노래를 배우면서 운전할 때, 요리할 때, 모여서 식사할 때에도 자신도 모르게 노래 부르는 모습에 깜짝 놀라며 행복해한다. 모임에 나가면 시키지도 않았는데 스스로 일어나서 노래하곤 한다. 역시 지속적으로 부르면 실력이 향상된다.

이러한 배경을 바탕으로 노래를 잘 부르기 위한 몇 가지 일반적인 조언을 나누고자 한다. 노래는 단순한 취미 이상의 성취감을 제공하며 음악을 통해 삶의 질을 향상시키는 강력한 도구가 된다. 노래를 잘 부르기 위해 중요한 요소로는 호흡 조절, 올바른 자세, 감정 전달이 있다. 특히 성악에서는 발성이 단순히 소리를 내는 것이 아니라 전신의 협력과 호흡의 조화가 필요하다.

성악 발성의 구체적인 비법에 대해 이야기하려고 한다. 성악 발성은 성대의 움직임뿐만 아니라 횡격막과 복부의 사용, 공명 기관의 이용, 바른 자세, 그리고 감정을 담아내는 표현력까지 통합된 기술을 의미한다. 이러한 과정을 통해 참가자들은 단순한 노래 실력을 넘어서 음악을 통한 자아 성장을 경험하게 된다.

성악을 배우면서 사람들의 노래방 습관을 관찰하다 보면 많은 이들이 목에 힘을 주어 부르는 경향이 있다는 것을 알게 된다. 저음에서는 여유롭게 시작하지만 고음에 도달하면 목소리가 막히거나 불안정해져 결국 마이크를 다른 사람에게 넘기는 경우가 많다. 두세 곡을 부르고 나면 고음이 나오지 않게 되는데 목에 과도한 힘을 주며 부르기 때문이다. 목에 무리를 주지 않고 가볍게 고음을 처리하는 사람들은 부러움의 대상이 되곤 한다.

성악가나 가수가 아니더라도 노래를 잘 부르는 사람을 보면 소리가 코 윗부분으로 가볍게 울리며 나오는 특징이 있다. 고음을 낼 때는 자신도 모르게 호흡으로 성대를 긴장시키고 소리가 입천장을 때리며 미간을 향해 부드럽게 빠져나가는 듯한 느낌을 준다. 단순히 목에 힘을 주는 것이 아니라 공기가 자연스럽게 흐르도록 유도해 효율적인 발성을 만들어낸다.

이런 발성은 마치 멀리 떨어진 항아리에 물을 채우기 위해 고무호스로 물을 조절해 뿌리는 것과 비슷하다. 수도꼭지를 열어 수압을 적절히 느끼고 고무호스의 입구를 조절해 45도 각도로 멀리 나가도록 하듯이 노래할 때도 목소리가 강제적으로 나오는 것이 아니라 호흡과 공기 흐름의 조화로 자연스럽게 울려야 한다.

악기 연주도 이와 같은 원리가 적용된다. 색소폰은 호흡을 통해 공기를 만들어 리드를 진동시켜 소리를 낸다. 이때 단순히 힘만으로는 좋은 소리가 나지 않으며 부드럽고 안정된 호흡이 소리의 질을 결정한다. 사람의 목소리와 비슷하게 악기도 공기의 흐름과 진동을 조절하는 것이 중요한데 이를 통해 더 풍부한 음색을 만들어 낼 수 있다.

교육이나 훈련을 받지 않아도 꾸준한 연습을 통해 어느 정도 고음을 낼 수 있다. 일반적으로 "소리를 내려면 배에 힘을 주어라"라는 조언이 흔한데 복식 호흡을 유도하기 위한 방법이다. 단전에 힘을 주면 순간적으로 깊은 호흡이 가능해지며 이를 통해 성대를 효율적으로 긴장시켜 소리를 멀리 보내는 낭랑한 발성을 할 수 있다. 일상에서도 이러한 발성을 접할 수 있다. 세탁소 아저씨가 멀리서 외치는 소리, 새를 쫓을 때 내는 소리, 아이를 부를 때 외치는 소리가 그 예다.

노래 실력을 향상시키는 데는 가볍게 콧소리로 흥얼거리는 습관이 큰 도움이 된다. 특히 가성을 활용해 음을 올리는 연습을 통해 소리를 내는 구조가 점차 개선된다. 이처럼 평소의 연습은 성대에 무리를 주지 않고 자연스럽게 고음에 적응할 수 있는 능력을 길러준다.

태어날 때부터 인간은 맑고 자연스러운 소리를 낸다. 갓난아기의 울음소리는 공명과 호흡이 완벽하게 조화된 소리로 태어나면서부터 갖추고 있는 본능적인 발성법이다. 그러나 성장하면서 성대가 긴장하게 되고 결국 목소리가 쉰 목소리로 변하기 쉽다.

반면, 사랑과 배려를 담은 소리는 목소리를 되찾는 열쇠가 될 수 있다. 예를 들어 아기가 다쳤을 때 무의식적으로 내는 "호" 하는 부드러운 소리나 오랜만에 친구를 만나 반가워서 외치는 "친구야!", 물건을 떨어뜨렸을 때의 "아이고!" 같은 감정이 담긴 소리는 본래의 자연스러운 발성에 가깝다. 이와 같은 소리에는 긴장 없이 호흡과 성대가 자연스럽게 사용되기 때문이다.

일상에서 좋은 감정을 담아 말하는 습관을 기르면 어릴 적 맑고 자유로운 목소리를 되찾는 데 도움이 된다. 일용 엄니처럼 낭랑하게 말하는 연습을 통해 행복하고 배려 있는 마음으로 소리 내는 법을 익히는 것도 유익하다. 이러한 연습은 목소리를 회복하는 데뿐만 아니라 노래를 부를 때도 큰 도움이 된다. 사랑과 긍정적인 감정을 담아 소리를 내면 성대가 자연스럽게 떨리고 공명된 소리를 낼 수 있기 때문이다.

노래는 발성이고 발성은 기술이다. 다음 장부터 나오는 발성의 제반 요소를 이해하고 노래를 통해 즐겁고 꾸준히 적용하면 자신도 모르게 노래를 잘하게 된다. 성악 레슨 받고 싶다고 교수를 추천해 달라는 지인에게 교수를 추천해 주는데 몇 달 못 가서 그만두는 경우가 많다. 목표가 없으면 동기부여가 덜 되기 때문에 계속 하기가 힘들다. 그래서 성악 오페라 최고위과정을 통해서 자신도 모르게 성장할 수 있는 시스템을 만들었고 그동안의 기수들의 경험으로 증명되었다.

2
성악 발성의 기본 이해하기

노래는 발성이고 발성은 기술이다

성악가들의 소리는 맑고 풍부한 울림이 특징적이다. 이는 성악에서 올바른 발성 기술이 핵심이기 때문이다. 성악과 교수들이 종종 언급하는 것처럼 미술이나 기악은 어린 시절부터 꾸준한 훈련이 필요하지만 성악은 성대가 성숙한 성인에게 더 적합하며 짧은 시간 내에 발성 기술을 익힐 수 있는 예술로 평가받는다. 방송에서 한 성악과 교수는 "성악은 6개월만 제대로 배우면 대학에 입학할 수 있다"라고 이야기하며 노래의 발성은 단순한 기술 훈련의 결과임을 강조한 바 있다.

노래를 잘 부르기 위해서는 운동과 유사한 훈련 방식이 필요하다. 호흡법, 성대의 사용, 공명 기술 등이 기술적으로 연습되어야 하며 운동선수가 기본 동작과 기술을 반복해서 익히듯 성악에서도 발성법을 체계적으로 연습해야 한다. 이 과정은 꾸준한 훈련과 피드백을 통해 이루어진다.

미소 지으며 편하게 부르는 소프라노 강혜정

발성의 기술은 호흡, 성대의 떨림, 공명을 조화롭게 사용하는 것이다. 이는 골프의 스윙 원리와 유사하게 설명할 수 있다. 골프에서 드라이버로 멀리 공을 보내기 위해 단순히 힘을 사용하는 것은 효과적이지 않다. 대신 백스윙으로 에너지를 축적하고 스윙의 리듬과 가속을 통해 임팩트를 만들어내야 한다. 볼 중심에 정확하게 맞추고 자연스러운 폴로 스루를 이어가는 것이 핵심이다.

성악 발성에서도 이와 유사한 원리가 적용된다. 백스윙은 성악에서 호흡을 모으는 과정에 해당한다. 이 단계에서 횡격막과 복부 근육을 활용해 충분한 호흡을 준비한다. 스윙의 가속과 임팩트는 성대의 떨림과 발성의 순간과 비슷하다. 성대는 필요 이상으로 힘을 주지 않으면서도 적절한 긴장감을 유지하며 진동을 만들어내야 한다. 마지막으로, 멀리 내보내기 위해서 필요한 폴로 스루는 소리가 공명되는 단계로 볼 수 있다. 성대에서 시작된 소리가 머리와 코의 공명 공간을 거쳐 울리면서 풍부하고 공명된 소리가 완성된다.

발성 시스템의 첫 번째 요소는 호흡이다. 성악에서 흔히 '호흡이 발성의 8할'이라는 말이 나올 만큼 올바른 호흡은 안정적이고 힘 있는 소리를 내는 데 핵심적인 역할을 한다. 복식 호흡은 이 과정의 중심에 있으며, 횡격막을 활용하는 훈련으로 이루어진다.

복식 호흡에서는 횡격막가로막을 아래로 끌어내려야 한다. 이는 공기가 폐의 깊숙한 곳까지 도달하게 하고 가슴을 열어 호흡 공간을 확보하면서 폐에 충분한 공기가 들어오도록 돕는다. 흔히 '공기가 척추를 따라 들어가는 느낌'이라는 표현은 깊은 호흡을 통해 몸 전체가 고르게 사용되는 것을 의미한다. 그 이후에는 횡격막에 압력을 느끼고 이 압력을 천천히 조절해 공기를 서서히 내보내는 것이다.

횡격막은 많은 사람들에게 생소한 근육이지만 폐를 둘러싸는 중요한 호흡 근육으로 발성의 지속성과 강도를 조절하는 데 필수적이다. 성악에서는 호흡의 조절이 단순한 들숨과 날숨 이상의 의미를 지닌다. 공기를 빠르게 들이마셨다가 일정한 속도로 조절하며 내쉬는 것이 필요하며 이를 위해 지속적인 훈련이 요구된다.

올바른 호흡은 성대에 가해지는 부담을 줄이고 소리가 안정적으로 공명하도록 돕는다. 이처럼 몸에 배도록 훈련된 호흡은 발성 과정의 근본이 되며 시간이 지남에 따라 무의식적으로도 호흡과 소리를 조화롭게 이어지게 만든다.

성대는 공기가 소리로 바뀌는 중요한 지점이며 음의 고저와 음색을 결정하는 핵심적인 도구다. 성대를 통과하는 공기의 속도에 따라 성대 주름이 닫히고 열리는 정도가 달라지면서 음의 높낮이가 형성된다. 이 과정은 베르누이 법칙에 따라 공기의 흐름이 빨라질수록 성대 주름이 더 가깝게 붙고 느려지면 떨어지면서 음을 조절한다.

성대의 떨림은 자연스러운 호흡에 의해 이루어지는 것이 중요하다. 만약 목에 힘을 주어 억지로 떨림을 유도하면 소리가 부담스럽고 성대 결절과 같은 손상을 유발할 수 있다. 성대 결절은 성대 주름에 무리가 가면서 생기는 염증성 결절로 심할 경우 목소리가 제대로 나오지 않게 된다.

자연스러운 성대 떨림을 위해서는 턱을 이완하고 입을 위아래로 타원형으로 열어 주는 것이 좋다. 이렇게 하면 소리가 목에 머무르지 않고 앞으로 나가며 공명이 더 잘 이루어진다. 소리의 포인트를 앞으로 가져가고 호흡으로 소리를 보내는 연습이 필요하다. 이 방법은 목의 긴장을 풀고, 성대가 편안하게 떨릴 수 있도록 도와준다.

이처럼 성대는 단순히 공기가 지나가는 통로가 아니라 공기와 호흡의 상호작용으로 음을 형성하는 정교한 발성 도구다. 성대를 올바르게 사용하기 위해서는 올바른 호흡법과 이완된 발성 습관을 갖추는 것이 필수적이다.

공명은 소리의 에너지를 극대화해 멀리 있는 관객의 귀에 도달하도록 돕는 중요한 요소다. 소리는 에너지의 흐름이기 때문에 소리가 잘 전달되려면 진동의 폭을 크게 만들어야 한다. 이 과정은 동굴이나 사우나처럼 공간 안에서 소리가 울릴 때와 유사하며 서로 다른 음들이 공간 안에서 만나 진폭 효과를 일으키면서 더욱 풍부한 소리를 만들어낸다.

성악에서는 구강 공명, 비강 공명 그리고 두부 공명이 주로 사용된다. 그러나 구강 공명만으로도 충분한 울림을 만들 수 있다. 소리를 내는 동안 입안 구조가 자연스럽게 바뀌며 소리의 방향과 속도에 따라 공명되는 음역대가 형성된다. 이는 성악가들이 음성을 위로 그리고 앞으로 보내는 이유와도 연결된다. 마치 빨래를 널듯이 가볍게 음을 공중에 띄우거나 다트를 쏘듯 음을 날카롭게 던지면 자연스러운 공명이 형성된다.

공명은 단순한 울림을 넘어서 소리를 더 멀리, 더 선명하게 전달하는 필수적 도구다. 올바른 공명 활용은 성대를 보호하면서도 풍부하고 전달력 있는 소리를 만들어내며 이는 성악의 핵심적인 기술로 여겨진다.

발성은 인체의 신비로운 구조를 활용해 호흡, 성대, 공명이 조화롭게 작동하는 시스템을 훈련하는 과정이다. 이는 악기 연주에서 손과 몸이 악보에 반응해 자연스럽게 움직이는 것과 비슷하다. 피아노나 바이올린 연주자가 악보를 보며 자동적으로 손가락이 움직이듯이 성악에서도 가사와 음표에 맞추어 호흡과 성대, 공명 시스템이 자연스럽게 작동하도록 연습해야 한다.

이와 같은 발성의 자동화 과정은 마치 악기를 연주할 때 근육 기억muscle memory을 형성하는 것과 유사하다. 성악가들은 꾸준한 연습을 통해 가사와 멜로디가 결합될 때 필요한 모든 움직임과 소리

조절이 무의식적으로 작동하도록 훈련한다. 이렇게 해야 감정 표현과 음악적 해석에 집중할 수 있으며 무대 위에서의 긴장감을 최소화하고 보다 자유로운 퍼포먼스를 할 수 있다.

호흡 조절과 발성

성악을 처음 배우는 사람들이 가장 많이 듣는 조언 중 하나는 "발성은 곧 호흡"이라는 말이다. 가슴을 이용한 흉식 호흡보다 복부를 활용한 복식 호흡의 중요성이 강조된다. 복식 호흡은 횡격막을 아래로 내린 상태에서 공기를 유지하며 소리를 내는 기술로 이를 통해 안정적이고 힘 있는 발성을 가능하게 한다. 하지만 호흡 훈련은 매일 반복해야 하기에 지루하게 느껴질 수 있다. 소프라노 조수미

가 "호흡은 자연스럽게 이루어져야 한다"라고 말한 것을 듣고 편안함을 추구하고 싶은 유혹을 느끼기도 한다.

그러나 발성에서 호흡은 단순히 자연스러운 현상으로 그치지 않는다. 발성을 위해서는 공기가 충분히 준비되어야 하며 규칙적이고 일정하게 호흡을 조절하는 과정으로 이루어진다. 물총에 물이 가득 차야 직선으로 멀리 쏠 수 있듯이 성악에서도 공기를 충분히 확보해야 고른 소리를 유지할 수 있다. 그렇지 않으면 고음에서 힘이 빠지거나 음이 흔들리기 쉽다. 이러한 이유로 규칙적인 호흡 훈련이 필수적이며 성악 발성의 기본기를 쌓는 핵심이다.

발성에서 매우 중요한 역할을 하는 횡격막

횡격막은 가슴과 배를 나누는 근육으로 갈비뼈 내부에 위치하며 발성 호흡의 중심 역할을 담당한다. 평소에는 와인 병의 밑 부분처럼 위로 볼록하게 솟아 있지만 숨을 들이마시면 평평해지며 아래로 내려간다. 횡격막이 아래로 내려가며 폐가 확장되고 내부 장기들이 압박되어 복부와 옆구리가 팽창해 복식 호흡이 이루어진다. 이 과정을 통해 성악가는 장시간 안정적인 발성을 유지할 수 있다.

숨을 내쉴 때에는 횡격막이 천천히 원래 위치로 복귀하며 공기가 부드럽게 빠져나가야 한다. 이때 천천히 조절된 호흡은 성대의 부담을 줄여 부상을 예방하고 부드러운 소리를 내게 한다. 횡격막은 불수의근으로 손과 발처럼 자유롭게 움직이지 않기 때문에 반복적인 연습을 통해 감각을 익히고 조절하는 것이 중요하다. 발성

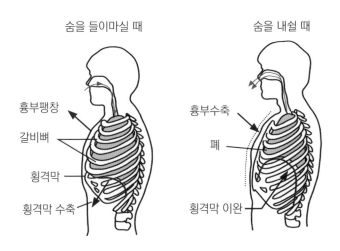

숨을 들이마실 때 / 숨을 내쉴 때

흉부팽창

갈비뼈

횡격막

횡격막 수축

흉부수축

폐

횡격막 이완

횡격막의 역할과 위치

의 안정성을 높이고 호흡을 정밀하게 조절하는 능력을 길러준다.

복식 호흡의 중요성과 실전 활용

복식 호흡은 성악에서 필수적인 요소로 올바른 방법을 익히는 것이 발성의 기초를 다지는 첫걸음이다. "등으로 숨을 들이마시라"라는 조언은 가슴을 자연스럽게 펴고 횡격막을 최대한 아래로 내려 단전에 힘이 들어가는 감각을 익히라는 뜻이다. 이러한 연습을 통해 깊고 안정적인 복식 호흡을 할 수 있으며 발성에 필요한 기초적인 호흡의 길이도 확보할 수 있다.

복식 호흡의 효과는 꾸준한 연습으로 나타난다. 호흡의 길이가 점점 길어지고 불필요한 공기 소비를 줄일 수 있어 성악 발성에 안정성을 더한다. 긴 프레이즈나 고음에서도 호흡의 조절이 가능해져 안정적인 발성을 유지할 수 있다.

호흡을 효율적으로 사용하는 것도 중요하다. 한 번에 모든 호흡을 소진하지 않고 아껴 쓰는 습관은 음과 음 사이의 호흡을 일정하게 유지하고 긴 구간을 안정적으로 소화하는 데 도움을 준다. 이는 노래의 흐름을 매끄럽게 하고 발성의 질을 높이는 데 필수적이다.

호흡 연습의 핵심은 단전에 힘을 주고 호흡을 길게 유지하는 감각을 체득하는 것이다. 연습 과정에서 가슴과 어깨에 힘이 들어가지 않도록 주의하고 오직 횡격막과 배 근육의 조절로 호흡을 관리해야 한다. 이러한 훈련은 몸 전체의 긴장을 풀고 자연스러운 호흡의 흐름을 유지하도록 도와준다.

복식 호흡은 단순히 기술적인 연습에 그치지 않는다. 반복과 훈련을 통해 몸에 완전히 배게 되면 성대에 부담을 덜고 안정적인 발성과 공명을 만들어낼 수 있다. 나아가 긴 곡의 프레이즈를 소화하거나 고음을 안정적으로 내기 위해 꼭 필요한 기술이 된다. 결국, 복식 호흡을 잘 익히는 것은 성악에서 소리와 표현력을 극대화하기 위한 핵심적인 과정이라 할 수 있다.

호흡 훈련의 효과를 극대화하기 위해서는 지속적인 연습이 필요하다. 성악가는 호흡을 관리할 때 가슴과 어깨에 힘을 주지 않고 오직 횡격막과 배 근육을 사용해야 한다. 이를 통해 성대에 가는 부담을 줄이고 소리를 더 부드럽고 안정적으로 낼 수 있다. 황영조나 박태환처럼 운동선수들도 유산소 운동을 통해 폐활량을 극대화하며 성악에서도 마찬가지로 지속적인 훈련이 필요하다.

효율적인 호흡 훈련 방법

'3초 들이마시기, 3초 멈추기, 32초8초 4회 천천히 내쉬기'와 같은 루틴을 추천한다. 이 연습은 횡격막의 조절력과 폐활량을 높이는 데 도움을 준다. 숨을 들이마실 때는 입과 코를 사용해 빠르고 깊게 공기를 들이마시며 횡격막이 평평해지는 이미지를 상상하면 더욱 효과적이다. 숨을 멈추는 동안 배와 옆구리의 팽창을 느끼며 내쉴 때는 얇고 길게 '스' 소리를 내면서 공기의 흐름을 일정하게 유지하는 것이 중요하다.

호흡 훈련을 할 때는 가슴이나 어깨가 들리지 않도록 주의하며 복부와 옆구리가 팽창되는지를 관찰하는 것이 필요하다. 이렇게 신체 감각에 집중하며 훈련하면 효율적인 호흡 조절 능력을 키울 수 있다. 마치 골프에서 특정 근육이 붙으면 자연스럽게 스윙 폼이 나오듯 발성에서도 호흡 근육이 발달하면 노래할 때 호흡을 더 효율적으로 사용할 수 있다. 이는 성대의 긴장을 줄이고 안정적인 발성과 공명을 유지하는 데 큰 도움이 된다.

체계적인 호흡 훈련은 성악 발성의 필수적인 기초이다. 매일 꾸준한 연습을 통해 호흡의 길이와 조절력을 키우면 고음이나 긴 프레이즈를 부를 때도 안정감을 유지할 수 있다. 운전 중에 거리를 초로 환산하며 연습하는 등 일상 속에서 자연스럽게 호흡법을 익히는 것도 좋은 방법이다. 이러한 훈련이 쌓이면 무대에서 더 자연스러운 발성과 감동적인 소리를 전달할 수 있게 된다.

성대 붙임과 밀도 있는 소리 내기

테너 배재철의 이야기를 다룬 영화《더 테너The Tenor》는 감동적인 재기의 서사를 담고 있다. 배재철은 "100년에 한 번 나올까 하는 리리코 스핀토 테너"로 불리며 전 세계 오페라 무대에서 주목받던 가수였다. 그러나 성대 결절로 인해 목소리를 잃고 무대에서 사라지게 되면서 심각한 우울증에 시달리게 된다. 성대 결절은 가수나 성악가에게 치명적일 수 있는 문제로 발성 기능이 제한되거나 상실될 위험이 있다.

영화는 그의 재활 과정과 성대 회복을 위한 수술 이후 재기의 모습을 감동적으로 그려낸다. 성악의 3요소인 호흡, 성대, 공명 중에서 다른 부분이 강해도 성대가 손상되면 가수로서 활동을 이어가기 어렵다. 성대는 발성의 중심으로 손상을 회복하는 것은 가수에게

성대의 떨림에 대하여 강의하는 벨라비타 주임교수 테너 하만택

단순한 의학적 문제가 아닌 삶의 재건 과정을 의미한다.

배재철의 사례는 성악가에게 성대 관리가 얼마나 중요한지 보여주며 극복과 재기의 의미를 전달한다. 영화는 그의 투쟁과 재기 인터뷰를 통해 음악과 인생에 대한 도전과 희망을 전하며 관객들에게 깊은 감동을 준다.

성대는 공기가 소리로 변하는 지점으로 발성의 핵심적 역할을 한다. 성대는 후두를 앞뒤로 가로지르는 두 개의 점막 주름으로 이루어져 있으며 이 주름은 'V'자 형태를 띠고 있다. 폐에서 나온 공기가 이 주름을 지나면서 소리가 만들어진다. 공기를 들이쉴 때는 성대 주름이 이완되어 열리고 소리를 낼 때는 긴장되며 좁아진다.

성대 구조

남성의 성대는 굵고 길어 성대 주름의 진동 횟수가 적은 반면 여

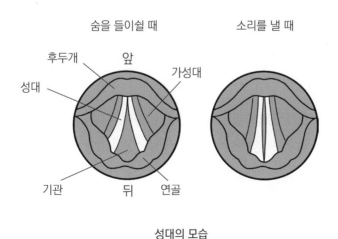

성대의 모습

성과 어린이의 성대는 가늘고 짧아 진동 횟수가 많아 더 높은 음역을 낼 수 있다. 이러한 진동의 차이는 성대의 길이와 두께가 음역대와 목소리의 음색을 결정짓는 주요 요인임을 보여준다. 바이올린과 첼로를 비교 상상하기 바란다.

테너의 성대는 짧고 가늘어 고음에서 유리하고 바리톤의 성대는 길고 두꺼워 보다 낮고 깊은 소리를 낸다. 그러나 성대의 생김새만으로 모든 음역대가 결정되는 것은 아니다. 성대가 탄력적이고 유연하다면 다양한 음역을 소화할 수 있다. 성대의 건강과 훈련 역시 중요한 역할을 하며 적절한 발성 훈련을 통해 성대의 탄력을 극대화하면 넓은 음역대를 구사할 수 있다. 결론적으로 성대는 구조적 특성뿐만 아니라 유연성과 건강 상태에 따라 음역대와 발성 능력이 좌우되며 이는 지속적인 관리와 훈련의 중요성을 강조한다.

베르누이 법칙에 따르면 공기가 성대를 통과할 때 공기의 속도에 따라 압력이 변하고 성대 주름의 모양이 바뀌면서 소리의 높낮이와 강도가 결정된다. 성대가 잘 붙어서 적절한 진동을 만들어낼 때 소리는 맑고 안정된 음질과 음색을 갖게 된다. 반면 성대가 제대로 붙지 않거나 과도하게 붙어 있으면 소리의 질이 떨어지게 된다.

성대가 벌어져 있으면 많은 호흡을 내뱉어도 그중 일부만 소리로 사용되기 때문에 호흡의 효율이 낮아지고 소리의 힘이 약해지며 발음도 불분명해진다. 성대를 너무 꽉 붙이면 성대가 경직되어 딱딱하고 긴장된 소리가 나며 자연스러운 울림이 방해받는다.

발성에서의 효율적인 성대 사용은 성대 주름이 유연하고 자연스럽게 붙었다 떨어지는 진동을 만들어내는 것이다. 이는 성악에서 중요한 음색과 발음의 명료성에 큰 영향을 준다. 예를 들어 시장에서의 "골라 골라"처럼 짧고 끊긴 소리보다 세탁소 아저씨의 "세탁 세탁"처럼 여유롭고 부드러운 소리가 발성의 안정성과 효율성을 보여준다.

성대를 붙이는 연습

'윽'과 '까' 발음을 활용한 연습은 성대를 붙이는 데 탁월한 효과가 있다. '윽' 발음은 성대가 닫히는 감각을 명확히 느끼게 해주며 공기가 새는 문제를 해결하는 데 도움을 준다. 입을 살짝 다문 상태에서 '윽' 소리를 짧고 강하게 반복하면 성대가 닫히는 정확한 지점을 파악할 수 있다. 마찬가지로 '까' 발음은 성대가 닫히고 열리

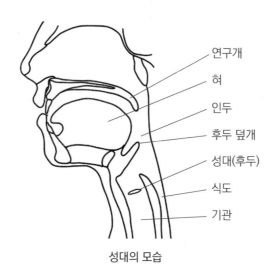

연구개
혀
인두
후두 덮개
성대(후두)
식도
기관

성대의 모습

는 과정을 탄력적으로 연습하는 데 효과적이다. '까'를 반복적으로 발음하며 성대의 닫힘과 열림을 조절하면 고음에서도 안정적인 발성을 할 수 있는 기초를 다질 수 있다.

결과적으로 좋은 발성은 성대가 적절히 붙고 이완되며 호흡과 성대의 조화로운 작용이 필수적이다. 이를 위해 지속적인 연습과 훈련이 필요하며 성대의 상태를 잘 관리하는 것이 중요하다.

힘으로 무리하게 노래하거나 건조한 환경에서 과도한 연습을 할 경우 성대 점막 조직에 울혈이나 출혈이 생겨 성대에 상처가 나고 굳은살 같은 성대 결절이 생길 수 있다. 이런 성대 결절은 가수와 성악가들에게 치명적인 문제로 소리가 거칠어지고 심하면 아예 나오지 않게 될 수 있다. 또한 역류성 식도염이나 과도한 스트레스도 성대 결절의 원인이 될 수 있다. 다행히도 대부분의 경우 며칠 동안 충분히 쉬고 안정을 취하면 성대 상태가 회복된다. 그러나 반복적인 손상을 방지하기 위해서는 올바른 호흡과 발성법을 익히고 적절한 휴식과 환경 관리가 필수적이다.

성대는 아름다운 소리를 만들어주는 신이 주신 선물과 같은 존재다. 성악가들은 성대를 건강하게 유지하기 위해 공연 전 철저한 관리에 신경 쓴다. 특히 성대에 무리를 줄 수 있는 술자리는 피하고 과도한 대화나 스트레스도 최대한 피하려고 노력한다. 이는 성대가 예민하고 쉽게 피로해질 수 있기 때문이다.

성대를 탄력 있게 유지하기 위한 핵심 요소

호흡을 통해 소리를 내는 연습으로 목에 힘을 주지 않고 호흡으로 발성해야 성대의 부하를 줄이고 부드러운 떨림을 유지할 수 있다. 성대 점막이 건조해지지 않도록 물을 충분히 마시는 것이 필수적이다. 수분은 성대의 유연성을 유지하는 데 중요한 역할을 한다.

규칙적인 연습과 휴식을 하여 매일 일정한 시간에 무리하지 않는 범위 내에서 연습하며 피로가 누적되지 않도록 한다. 감정의 조화가 중요하다. 사랑과 행복의 감정을 담아 소리를 내는 것은 성대의 탄력을 유지하는 데 매우 효과적이다. 부드럽고 긍정적인 감정이 담긴 소리는 성대를 자연스럽게 보호해 준다.

이처럼 성악가는 성대를 몸의 가장 중요한 악기로 여기며 이를 잘 관리하는 것이 소리의 질과 직결된다는 사실을 인식하고 있다. 성대를 지키기 위한 절제와 노력 그리고 감정의 조화는 성공적인 발성과 공연의 필수적인 조건이다.

동굴 소리, 공명 사용법

뮤지컬과 오페라의 차이는 발성 방식과 공명에서 명확히 드러난다. 뮤지컬에서는 연극이나 영화 출신의 배우들이 연기하며 노래를 부르는 경우가 많고 오페라는 성악 훈련을 받은 가수들이 노래를 중심으로 연기하는 형식이다. 더 근본적인 차이는 소리 전달 방식에 있다.

뮤지컬에서는 마이크와 스피커 같은 전기 장치를 사용해 목소리와 대사를 증폭한다. 이를 통해 뮤지컬 배우의 목소리를 더 명확하게 전달하고 다양한 음향 효과를 활용할 수 있다. 반면 오페라에서는 마이크를 사용하지 않으며 오페라 가수들은 인체의 공명 구조를 통해 목소리를 자연스럽게 증폭시켜 오케스트라 소리를 넘어 관객에게까지 육성으로 전달해야 한다. 오페라 가수는 폐와 성대, 코와 두개골의 공명 공간을 활용해 소리를 멀리 퍼뜨린다. 골프에서 스윙의 폴로스루가 중요한 것처럼 성악에서는 머리의 공명 공간을 적극적으로 활용해야 한다.

오페라와 뮤지컬의 공명 비교

뮤지컬과 오페라의 공연 스타일에도 차이가 있다. 뮤지컬에서는 대화와 노래가 자연스럽게 연결되며 감정 표현과 연기가 중요한 요소다. 발성도 대화체에 가깝고 음향 장치가 소리를 증폭하므로 상대적으로 부담이 적다. 반면 오페라에서는 공명과 호흡의 기술이 매우 중요하며 훈련된 성악 발성법을 통해 목소리를 전달해야 한다. 이 발성법은 단순한 노래가 아니라 기술적 훈련과 예술적 표현이 결합된 결과물이다.

결론적으로 뮤지컬과 오페라는 장르의 차이뿐만 아니라 발성 방식과 소리 전달 방식에도 큰 차이가 있다. 오페라 가수는 인체의 구조를 활용해 마이크 없이 소리를 멀리 전달해야 하고 뮤지컬 배우는 음향 장치를 통해 목소리를 더 자유롭게 표현할 수 있다.

공명은 호흡으로 만들어진 소리가 공간을 울려 증폭되는 현상이다. 예를 들어 동굴에서 작은 소리가 크게 울리는 것은 빈 공간에서 소리가 반사되기 때문이다. 사람의 얼굴에도 인두강, 구강, 비강, 전두동 등 다양한 공명 공간이 존재하며 이 공간들을 활용하면 소리의 울림과 풍부함이 크게 향상된다.

공명이 중요한 이유

첫째, 작은 호흡으로도 크고 울림 있는 소리를 낼 수 있다. 둘째, 공명 공간을 통과하는 소리가 더욱 깊고 풍부한 음색을 형성한다. 셋째, 효율적인 발성은 목에 부담을 줄이고 성대 손상을 방지하며 장시간 노래할 수 있는 능력을 키워준다. 결과적으로 공명은 발성 기술의 핵심이며 이를 효과적으로 사용하는 능력이 성악가의 실력을 결정짓는 중요한 요소다. 지속적인 훈련을 통해 각 공명 공간을 인식하고 활용하는 법을 익히는 것이 필수적이다.

공명 기관

공명 기관은 인두강Pharyngeal Cavity, 구강Oral Cavity, 비강Nasal Cavity으로 구성되며 각각 발성에 중요한 역할을 한다. 인두강은 코 뒤

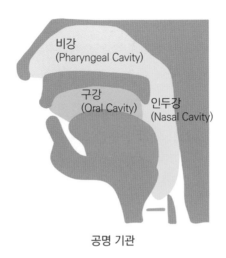

공명 기관

에서 성대 윗부분까지 이어지는 긴 관 모양의 공간으로 성대에서 생성된 소리가 가장 먼저 지나는 곳이다. 인두강의 크기와 모양에 따라 소리의 울림과 성량이 결정되며 공명에서 중심적인 역할을 한다. 구강은 입 안쪽에 위치하며 발음과 음색을 조절하는 중요한 공간이다. 구강 내부에는 경구개와 연구개가 있으며 혀의 움직임과 입의 열림 정도에 따라 소리의 톤과 음색이 변화한다. 특히 아래턱의 열림은 발성에서 명료함과 깊이에 큰 영향을 미친다. 비강은 코 안쪽의 빈 공간으로 발성에 고유한 음색을 부여한다. 비강 공명은 소리를 부드럽고 풍부하게 만들지만 잘못 사용하면 콧소리가 날 수 있어 주의가 필요하다.

각 공명 기관은 발성에서 조화롭게 사용되며 인두강은 첫 통과 지점으로 중요하고 구강과 비강은 소리의 색채와 울림을 더해준다. 발성 훈련에서는 공명 공간의 최적화를 통해 맑고 풍부한 소리를 낼 수 있도록 한다.

발성 조언으로 자주 언급되는 "목을 잡지 마라, 후두를 내려라, 혀를 낮춰라, 앞으로 보내라, 미간으로 소리를 내보내라"는 공명 공간을 최대한 활용해 음정과 음색을 최적화하기 위한 훈련법이다. 이러한 조언은 발성에서 인두강, 구강, 비강의 공명강을 적절히 사용하는 데 목적이 있다.

공명을 최대로 활용하기 위한 방법

첫째, 연구개를 위로 들어 올리는 것이다. 연구개를 들어 올리면 목구멍이 열리며 소리가 자연스럽게 통과한다. 둘째, 호흡을 목구멍을 통해 미간 방향으로 보내는 상상을 하면 공명이 자연스럽게 앞으로 이동하며 풍부한 울림이 생긴다. 상상력은 공명 공간을 조합하고 소리가 흐를 방향을 인식하는 데 중요한 역할을 한다. 셋째, 혀와 후두의 위치를 적절히 조절하면 목의 긴장을 줄이고 공명을 극대화할 수 있다. 혀를 낮추고 후두를 편안히 내리면 공명이 원활히 이루어진다. 상상력은 공명 공간의 최적화를 위해 중요하다. 소리의 이동 경로를 상상해 공명 공간을 효과적으로 활용하며 목소리가 자연스럽게 울리도록 훈련한다.

소리를 멀리 보내는 연습에서 핵심은 소리의 방향성을 명확히 인식하는 것이다. 소리가 목에 머물지 않고 앞쪽으로 뻗어나간다는 이미지를 가지고 발성하는 것이 중요하다. 이를 위해 흔히 사용되는 방법이 '이마에 입이 있다고 상상하며 노래하기'다. 소리가 입에서 나오는 것이 아니라 이마에서 울려 퍼져 나간다는 느낌으로 발성하면 자연스럽게 공명이 비강과 머리 쪽으로 이동하며 소리가 멀리 퍼지는 효과를 얻을 수 있다.

결론적으로 공명을 최대로 활용하는 발성법은 단순한 목소리 내기가 아니라 신체와 상상력의 조화로운 사용을 통해 완성된다. 이와 같은 공명 사용법은 반복 훈련을 통해 몸에 배게 되며 전기적 장치 없이도 명확하고 풍부한 소리를 울릴 수 있다.

정확한 발음과 딕션 훈련

성악 공연 후 열린 토론에서는 발성, 발음, 감정 전달의 중요성이 화두로 떠올랐다. 한쪽에서는 "노래를 부르는 건지 소리를 지르는 건지 모르겠다"라는 비판이 나왔고 다른 쪽에서는 "성악은 소리 자체가 핵심이며 표정과 음색을 통해 감정을 전달한다"라는 의견이 제시되었다. 이 논의는 발성과 발음의 관계가 성악의 본질에서 얼마나 중요한지 다시 생각하게 한다.

일부 성악가들은 고음을 낼 때 정

정확한 발음으로 〈그리운 금강산〉을 부르는 플라시도 도밍고

확한 발음을 무시해도 된다고 말하지만 성악에서도 가능한 한 정확히 가사를 전달해야 가사의 의미가 관객에게 닿아 감동이 배가 된다. 특히 외국 가곡의 경우 발음, 즉 딕션이 매우 중요하며 해당 언어의 기초 발음을 익혀야 곡에 담긴 의미를 온전히 전달할 수 있다.

이탈리아어 발음은 부드럽고 자연스럽게 흘러가기에 노래하기 좋으며 모음이 명확하게 발음되어 소리를 길게 이어 부르기에도 유리하다. 반면 한국어는 받침이 많아 소리가 닫히는 경향이 있어 노래할 때 모음을 길게 끌어주고 받침은 가볍게 처리하는 것이 좋다. 이렇게 하면 소리가 자연스럽게 이어지고 부드럽게 들린다.

독일어 노래에서는 정확한 발음을 유지하는 것이 중요하다. 특히 단어 끝의 'ㅋk', 'ㅌt', 'ㅎh' 발음을 뚜렷하게 내야 곡의 전달력이 높아진다. 발음을 소홀히 하면 곡의 의미가 흐려질 수 있어 주의가 필요하다. 프랑스어는 입술의 움직임이 중요한 언어로 발음을 섬세하게 표현하고 소리가 입안에 갇히지 않도록 하여 특유의 우아함을 살려야 한다.

이처럼 각 언어의 발음 특성을 이해하고 반영하면 음악이 지닌 감정과 뉘앙스를 더욱 풍부하게 전달할 수 있다.

발성과 발음의 관계

성악에서는 성량과 음색으로 감정을 전달하는 것이 중요하지만 가사의 의미를 명확히 전달하려면 정확한 발음이 필수적이다. 발음이 흐리거나 명확하지 않으면 관객이 노래의 내용을 이해하기 어려워진다.

악기 연주처럼 성악 역시 발성의 주파수를 통해 감정을 전달할수 있다. 그러나 가사가 담긴 노래는 발음을 통해 더 깊은 감정과 이야기를 전달할 수 있어 발음의 정확성이 중요하다. 발성을 잘 하면서도 명확한 발음을 유지하는 것은 쉽지 않다. 공명과 호흡 조절에 집중해야 하는 성악가에게 큰 도전이 될 수 있다. 특히 언어마다 발음 습관이 다르기 때문에 다양한 언어의 발음을 익히기 위한 훈련이 필요하다.

발성과 발음이 균형을 이루는 노래가 이상적이다. 풍부한 성량과 명확한 발음이 함께 이루어질 때 관객은 가사의 의미와 음악의 감동을 모두 느낄 수 있다. 이는 기술과 감성을 함께 갖춰야 함을 의미한다. 결국 발성과 발음은 상호 보완적 관계에 있으며 한쪽에만 치우치면 공연의 메시지가 왜곡될 수 있으며 두 요소가 조화될 때 비로소 완벽한 무대가 완성된다.

발성과 발음은 소리 생성 과정에서 서로 다른 역할을 하며 상호 작용한다. 발성은 호흡이 성대를 지나며 소리로 변환되는 과정이고 성대의 길이와 두께에 따라 소리의 높낮이가 결정된다. 반면 발음은 소리를 혀와 구강의 움직임으로 조절하며 음절을 명확하게 전달한다.

'아'와 '이' 발음은 공명과 발성 구조에서 큰 차이를 보인다. '아'는 입을 크게 열고 혀를 최대한 아래로 내려 구강의 공간을 넓힘으로써 공명이 잘 이루어진다. 이 구조는 소리가 자연스럽게 앞으로 나아가면서 강하고 울림이 풍부한 소리를 만들어낸다. 반면, '이' 는 입 모양이 좁고 길어지며 혀가 연구개 쪽으로 올라가 구강 공 간이 작아진다. 이로 인해 소리는 입안에 머물기 쉬워 멀리 보내 기가 어렵다.

한국어 발음은 '이'와 '으' 모음이 많아 성악에서 소리를 멀리 내 보내기 어렵게 만든다. 일상 대화에서는 이러한 발음이 문제가 되 지 않지만 노래를 부를 때는 발성 구조를 달리해야 소리를 잘 전달 할 수 있다. 특히, 한국어는 받침이 많아 닫힌 발음이 주를 이루기 때문에 소리가 밖으로 잘 나가지 않는다. 이를 보완하기 위해 '무 을', '마 앙'처럼 모음을 길게 내고 마지막에 받침을 간단히 내주는 방법이 바람직하다.

반면, 이탈리아어는 '이' 발음을 낼 때도 혀를 약간 내리고 연구 개를 올려 구강 공간을 더 확보한다. 이 때문에 이탈리아어는 말 하는 발성과 노래하는 발성의 차이가 크지 않아 이탈리아 사람들 의 말소리가 자연스럽게 노래처럼 들리게 된다. 이러한 발성 방식 은 오페라와 같이 소리를 멀리 보내야 하는 음악 장르의 발전을 촉 진했다.

결론적으로, 발성은 호흡과 성대의 협력으로 이루어지며 발음은 소리를 명확하게 전달하기 위한 혀와 구강 구조의 조정에 달려 있 다. 발음을 조정하는 방법에 따라 발성의 효율이 달라지며 이를 이 해하고 연습하는 것이 성악에서 소리를 멀리 보내고 풍부하게 만 드는 핵심이다.

발음 조정과 실제 적용 예를 들어, 〈그 집 앞〉을 노래할 때 '그 집 앞' 대신 '거 집 앞'으로 바꾸어 발음하면 구강 공간이 확장되어 소리가 더 쉽게 나올 수 있다. 발음의 조정은 공명강을 더 잘 확보하기 위한 전략으로 특히 좁은 모음을 발성에 적합하게 조정하는 데 유용하다. '어 아'를 '어 오'처럼 발음해 구강의 크기와 공명감을 느끼는 연습은 소리를 더욱 안정적이고 자연스럽게 전달하는 데 큰 도움이 된다.

'ㅎ' 발음의 효과와 연습법

발음 연결 연습은 공명과 발성을 동시에 훈련하는 효과적인 방법이다. 처음에는 '하' 발음을 통해 공명강을 열고 이어서 '아' 소리로 자연스럽게 연결하면 공명이 유지된 상태에서 소리가 안정적으로 흘러나온다. 이 과정은 발성의 기본 구조를 다지고 소리의 흐름을 매끄럽게 만드는 데 도움을 준다.

또한, '히, 헤, 하, 호, 후'와 같이 다양한 모음과 결합된 발음을 연습하면 구강과 비강을 최대한 활용한 소리를 훈련할 수 있다. 이러한 연습은 다양한 발성 상황에 대비해 발음의 유연성과 공명을 강화한다.

특히 고음을 낼 때는 'ㅎ' 발음을 활용하는 것이 효과적이다. 'ㅎ' 발음은 소리를 자연스럽게 위로 끌어올리며 앞으로 뻗는 소리를 만들어준다. 이 기술은 목에 부담을 주지 않고 고음을 쉽게 낼 수 있도록 도와준다. 고음을 안정적으로 내기 위해서는 이러한 발음 기법과 공명 연습이 필수적이다.

노래는 단순히 성대를 이용해 소리를 내는 기술을 넘어 청중이 공감하고 감동할 수 있는 예술로 완성되어야 한다. 마치 상품을 단순히 만들어 파는 것이 아니라 '사람들이 사고 싶어 하는 상품'을 만드는 것이 중요한 것처럼 노래도 청중의 마음에 울림을 주어야 한다.

균형 있는 자세와 안정적 발성

사람의 몸은 피아노나 바이올린과 같은 악기처럼 훈련과 올바른 자세를 통해 성악 발성에 최적화된 악기로 만들어질 수 있다. 장인의 섬세한 손길이 악기의 소리를 최대로 끌어내듯 성악가의 몸도 신체 사용법과 훈련을 통해 잠재력을 극대화할 수 있다. 성악은 스포츠와 유사하게 프로와 아마추어가 자세에서부터 차이가 드러난다. 프로 성악가는 올바른 자세로 발성의 효율을 높이며 소리의 울림과 전달력을 극대화한다.

머리와 목의 위치를 유지하는 것은 매우 중요하다. 눈길은 전방 10시 방향을 향해야 목이 자연스러운 각도로 위치하며 성대를 무리 없이 사용할 수 있다. 턱을 가볍게 당겨 긴장을 풀고 목 근육이 유연하게 유지되도록 해야 한다. 만약 목에 과도한 힘이 들어가면 성대에 부담이 가해져 발성에 지장을 줄 수 있다.

좋은 자세로 노래 부르는 테너 하만택

상체는 가슴을 펴고 어깨를 자연스럽게 내려야 한다. 가슴을 열면 호흡 공간이 넓어져 폐활량을 극대화할 수 있다. 손은 바지의 재봉선에 두어 긴장을 최소화하고 몸의 균형을 유지하는 것이 좋다. 이러한 자세는 어깨와 팔에 불필요한 힘이 들어가지 않도록 도와준다.

하체의 안정성을 위해 발은 일자로 정렬하되 한 발을 약간 뒤로 빼어 몸의 균형을 잡는다. 허벅지와 골반에 가벼운 힘을 주면 몸이 흔들리지 않고 안정적인 발성이 가능해진다. 성악가는 피로를 줄이기 위해 피아노에 기대기도 하지만 다양한 제스처와 움직임이 있어도 흔들리지 않는 안정된 자세를 유지해야 한다.

성악에서 올바른 자세는 호흡의 효율성과 발성의 정확성을 보장하며 몸 전체를 악기처럼 활용할 수 있게 한다. 잘못된 자세는 목과 성대에 불필요한 긴장을 주어 발성을 방해할 수 있으므로 올바른 신체 정렬을 습관화하는 것이 중요하다.

머리를 전방 10시 방향으로 향하게 하는 이유는 소리가 화살처럼 포물선을 그리며 관중의 귀에 도달하도록 하기 위함이다. 이탈리아에서는 소리를 낼 때 마치 가면무도회에서 가면을 떼어 내듯 소리를 내야 한다고 조언한다. 이는 소리를 얼굴의 공명 공간으로 자연스럽게 울려 보내는 것을 의미한다.

공명은 구강과 비강의 울림을 극대화해 소리의 전달력을 높여준다. 소리를 멀리 보내는 이미지를 떠올리며 발성하면 도움이 된다. 이불을 빨랫줄에 널듯 소리를 멀리 보내거나 다트를 과녁에 쏘듯 소리를 내보내는 상상을 하면 좋다.

이 과정은 구강과 비강의 공명강을 최대로 활용해 소리의 울림과 전달력을 극대화한다. 악보를 보며 머리를 숙이고 노래하는 습관은 소리의 흐름을 막아 소리가 멀리 나가지 못하게 한다. 따라서 가사를 외워 악보를 보지 않고 연습하는 습관을 기르는 것이 중요하다.

아래턱을 자연스럽게 열어 하품할 때처럼 구강을 넓히면 소리의 울림이 극대화된다. 턱에 힘을 빼고 부드럽게 열면 더 명확한 발음과 풍부한 소리를 낼 수 있다. 올바른 머리와 턱의 위치는 공명과 소리의 방향에 중요한 역할을 하며 이를 통해 공명강을 최대한 활용해 소리를 자연스럽고 멀리 보낼 수 있다.

가슴을 펴면 늑골이 확장되고 횡격막이 팽창해 복식 호흡을 극대화할 수 있다. 이때 가슴을 펴는 것은 흉식 호흡을 유도하는 것이 아니라 발성에 필요한 공기를 충분히 준비하기 위함이다. 발성 중에는 가슴을 곧게 유지해 호흡의 흐름을 방해하지 않아야 한다. 허리를 곧게 펴고 복부를 내밀지 않도록 주의해야 호흡이 원활하게 이루어진다.

하체는 발성을 지탱하는 중요한 부분이다. 발을 일자로 두면 몸이 흔들리기 쉬워 한 발을 약간 뒤로 빼어 균형을 잡아야 한다. 허벅지와 골반에 적당한 힘을 주어 안정적인 발성을 유지하면 노래하는 동안 몸의 흔들림을 최소화할 수 있다. 스쿼트 운동은 허벅지와 엉덩이 근육을 강화해 긴 공연에도 피로 없이 자세를 유지하도록 돕는다. 또한 케겔 운동은 골반 근육을 강화해 균형감과 안정성을 높여준다. 이는 장시간 노래를 할 때도 안정성을 유지하도록 해 준다.

새로운 자세와 운동을 처음 시작하면 어색할 수 있지만 꾸준한 연습을 통해 발성과 연결된 근육을 익숙하게 사용할 수 있다. 시간이 지나면 올바른 자세가 몸에 배어 발성에 필요한 힘 외에는 추가적인 긴장이 들지 않게 된다. 이는 가사와 감정 전달에 더 집중할 수 있게 하며 무대 위에서의 표현력을 향상시킨다.

올바른 자세와 하체의 안정성은 성악 발성의 기본이 된다. 이를 통해 몸의 흔들림 없이 노래에 집중할 수 있으며 균형 있는 자세는 발성을 더 효율적이고 자연스럽게 만들어준다. 지속적인 연습과 올바른 자세는 발성의 효율을 극대화하고 소리를 멀리 전달하는 데 필수적이다.

3
성악 발성 응용하기

합창과 앙상블의 조화

합창 공연이 끝난 후의 허전함과 텅 빈 감정은 공동의 목표를 향해 함께 노력한 경험이 끝난 뒤 자주 찾아오는 감정이다. 1년 가까이 연습하며 조화를 이루어 온 시간이기에 그 과정의 끝은 성취와 동시에 목표 상실로 인한 공허함을 남긴다.

합창은 독창과 달리 팀워크와 협력의 즐거움을 선사한다. 독창이 혼자서 감당해야 하는 긴장감과 두려움을 동반한다면 합창은 서로를 신뢰하고 보완하는 협력의 경험이다. 합창에서는 내가 혹시 실수하더라도 다른 단원이 자연스럽게 메워줄 것이라는 믿음이 생긴다. 이러한 믿음은 더 과감하고 자신감 있게 소리를 낼 수 있도록 도와주며 지휘자와 단원들이 한 마음으로 소리를 맞추며 큰 성취

KOIMA CEO 합창단 공연 모습

감과 기쁨을 느끼게 한다.

최근에는 교회 성가대뿐 아니라 지인과 동창들 간의 합창단 활
동도 활발하게 이루어지고 있다. 이러한 합창 활동은 단순히 친목
을 도모하고 공동체를 형성하는 것을 넘어 노래를 통해 자아실현
과 힐링의 기회를 제공한다. 합창단의 공연 소식이 늘어나는 것은
사람들이 공동의 목표와 예술적 성취를 추구하는 즐거움을 발견하
고 있다는 증거다.

프랑스에서는 초등학교에 합창단 운영을 의무화하여 아이들이
여러 목소리를 조화롭게 맞추는 과정을 통해 결속력과 연대의식을
기를 수 있도록 장려하고 있다. 이는 단순히 노래를 부르는 것을 넘
어 아이들의 협동심과 정서적 안정을 도모하며 학업 중심의 삶에
예술적 균형을 제공하는 데 목적이 있다.

합창 시간에 영어와 독일어 등 다양한 외국어 노래를 부르면서 학생들은 자연스럽게 외국어와 친숙해지는 경험을 쌓는다. 이를 통해 음악 교육은 단순한 예술 활동을 넘어 언어와 문화 이해의 통로가 된다.

우리나라도 점점 각박해지는 사회 속에서 합창을 통해 공동체 의식을 높일 수 있는 기회를 확대할 필요가 있다. 직업, 나이, 성격이 다른 사람들이 모여 이해와 배려를 바탕으로 함께 노래할 때 지휘자의 지도에 따라 일사불란하게 움직이며 아름다운 화음을 만들어 내는 경험은 행복감을 극대화한다.

독창과 합창의 발성은 접근 방식에 차이가 있다. 각 형식은 발성법과 소리의 방향에 대한 서로 다른 요구를 가지며 두 가지를 오가며 어려움을 느끼는 이유가 되기도 한다. 독창에서는 소리를 멀리 보내는 아반띠Avanti가 핵심이다. 청중에게 소리를 직접적으로 전달하는 것이 중요하며 목소리가 공명 공간을 최대한 활용해 앞으로 뻗어 나가도록 훈련해야 한다. 개성 있는 음색과 강한 성량이 독창에서 중요한 요소이며 소리를 최대한 앞으로 밀어내는 발성을 연습한다.

합창에서는 각자의 목소리가 튀지 않고 조화롭게 섞여야 한다. 소리를 줄이거나 조절해 인골라Ingola, 즉 소리가 안으로 들어가는 느낌으로 부르는 경우가 많다. 전통적으로 지휘자는 화음을 우선시하기 위해 개성적인 소리를 죽이고 최소화하는 것을 권장한다.

그러나 최근에는 솔리스트 앙상블 형식이 유행하며 각자의 개성을 살리면서도 화음을 이루는 방식을 추구하는 경향이 강해지고 있다. 전통적인 합창은 균질한 소리를 통한 화음을 추구했으나 오늘날에는 각자의 개성을 존중하는 솔리스트 앙상블의 방식이 점점 더 인기를 끌고 있다. 따라서 현대 성악가는 독창과 합창 두 가지 발성을 모두 연습하며 상황에 맞게 소리를 조절하는 능력을 길러야 한다. 성악 발성의 기본 원칙은 독창과 합창 모두 동일하다. 두 경우 모두 깊은 호흡을 통해 공기를 흡입하고 성대의 떨림을 이용해 구강과 비강에서 소리를 울려 앞으로 전달하는 것이 중요하다.

합창에서는 소리를 작게 낼 때도 주의가 필요하다. 작은 소리일수록 더 집중해야 하며 소리를 줄인다고 단순히 힘을 빼는 것이 아니라 깊은 호흡과 성대의 떨림을 유지하면서 구강 공명을 활용해 소리를 지휘자 앞으로 보내는 집중력이 필요하다. 소리를 크게 낼 때는 독창 발성처럼 구강과 비강 공명을 모두 활용해 멀리까지 전달해야 한다. 이는 개인의 발성뿐 아니라 감동과 화음을 극대화하기 위한 중요한 방법이다.

합창에서는 주파수의 일치를 통해 풍성한 화음과 감동을 만들어야 하며 이를 위해 각 단원의 발성 역량이 비슷한 수준으로 유지되는 것이 중요하다. 단원이 발성에 어려움을 겪을 경우 지휘자가 이를 도와 발전시켜야 한다. 여러 사람과 파트가 조화를 이루며 하모니를 만들어야 하기에 단원들은 다른 사람의 소리를 잘 듣고 맞추는 능력을 키워야 한다.

오케스트라 단원들은 대부분 연주 능력이 뛰어난 전공자들로 구성되는 반면 일반 합창단은 대부분이 아마추어이기 때문에 악보

해석 능력과 표현력 훈련이 더욱 중요하다. 각 단원은 작곡가가 의도한 바를 이해하고 이를 음악으로 표현해 청중에게 감동을 줄 수 있어야 한다.

합창과 독창은 발성의 본질은 같지만 합창에서는 소리의 조화와 단원 간의 조율이 특히 중요하다. 소리의 크기에 따라 발성 방식을 조절하고 단원 간의 조화를 통해 음악을 완성하는 것이 핵심이다. 합창은 단순히 노래하는 것을 넘어 지휘자의 지도와 단원들의 협력 속에서 감동을 창출하는 예술적 작업이다.

발성의 지탱과 유지법

『Your Body Your Voice, 신체와 목소리』라는 책을 읽고 성악과 골프에 이 개념을 동시에 적용하면 두 분야의 문제를 해결할 수 있다는 생각이 들었다. 이 책은 시어도르 다이먼 박사Dr. Theodore Dimon가 신체와 발성의 관계를 분석하며 정리한 것으로 신체의 골격과 근육이 통합적으로 작동할 때 발성에 미치는 영향을 구체적으로 설명한다. 자연스러운 발성을 위해 신체 사용이 얼마나 중요한지를 다루며 골프와 같은 운동에도 그대로 적용될 수 있다.

인간의 목소리는 우주에서 가장 경이로운 현상 중 하나다. 호흡으로 생성된 공기는 성대를 진동시키고 목구멍, 구강, 비강의 공명 공간을 통해 증폭된다. 성대의 주름은 음의 높이에 따라 길이와 두

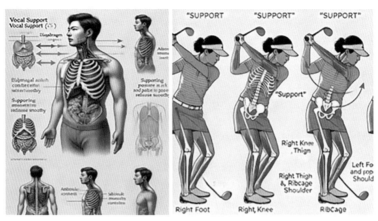
성악 발성과 골프 스윙의 지탱

께가 조절되며 연구개와 혀, 입술의 미세한 움직임이 음색과 발음을 결정짓는다. 이를 통해 인간은 감정을 담은 소리를 만들어 소통하고 청중에게 감동을 전달한다.

성악 발성과 골프 모두에서 흔히 발생하는 문제는 힘을 과도하게 사용하려는 습관에서 비롯된다. 지탱support은 근육 시스템이 서로 반대되는 힘을 조절하는 과정으로 성악 발성과 골프 스윙 모두에서 균형과 조화를 통해 힘을 자연스럽게 전달하는 것이 중요하다.

성악 발성에서는 복부와 횡격막의 상호작용이 중요한 역할을 한다. 공기를 들이마실 때 횡격막이 수축하며 아래로 내려가고 복부가 팽창한다. 내쉴 때는 복부 근육이 수축해 횡격막을 위로 밀어 올리면서 공기가 자연스럽게 빠져나가게 된다. 이때 목과 어깨, 등 근육도 지탱을 도와 성대가 자유롭게 움직이도록 한다. 올바른 지탱이 이루어지면 호흡과 발성이 자연스럽게 연결되고 힘을 들이지 않고도 안정적이고 풍부한 소리를 낼 수 있다.

골프 스윙에서도 지탱이 필수적이다. 백스윙에서는 오른발, 무릎, 허벅지, 어깨가 축이 되어 몸을 지탱하고 다운스윙에서는 왼발과 어깨가 지탱하며 축적된 힘을 공에 전달한다. 각 스윙 단계에서 올바른 지탱이 이루어지면 인위적인 힘없이도 부드럽고 강력한 스윙을 할 수 있다.

이처럼 성악과 골프 모두에서 지탱은 근육의 단순한 사용을 넘어서 신체의 협력을 통해 자연스러운 움직임을 이끌어낸다. 성악 발성에서는 복부와 횡격막이 협력해 안정적인 호흡을 유지하고 골프에서는 양쪽 축이 번갈아 가며 균형을 유지하면서 스윙의 일관성을 확보한다.

진정한 지탱은 신체의 각 부분이 조화를 이루며 자연스럽게 움직이는 반사적인 활동이다. 발성 과정에서는 목, 어깨, 가슴, 복부의 근육들이 긴장과 이완을 반복하며 호흡을 지탱하고 성대는 자유롭게 진동한다. 골프에서는 올바른 지탱이 이루어질 때 몸 전체가 균형을 유지하며 부드럽게 회전할 수 있다.

지탱은 단순히 호흡을 조절하는 것을 넘어 신체와 마음의 조화를 유지하는 것과도 깊은 관련이 있다. 올바른 지탱이 이루어지면 호흡을 하고 있다는 의식조차 희미해지고 신체가 본연의 구조에 따라 자연스럽게 움직인다. 이러한 상태에서는 신체의 균형과 협력이 극대화되어 발성과 스윙 모두에서 안정적이고 자연스러운 결과를 얻을 수 있다.

『Your Body Your Voice』는 성악 발성뿐만 아니라 신체와 마음의 조화를 통해 다양한 분야에서 더 나은 성과를 이끌어내는 방법을 제시한다. 이 책에서 강조하는 원리는 골프 스윙에도 적용될 수 있다. 성악 발성과 골프 모두에서 균형과 지탱을 통해 효율적인 힘의 전달이 이루어지며 이는 자연스러운 움직임과 정교한 조절을 가능하게 한다.

발성과 스윙 모두에서 지탱의 본질은 신체의 조화로운 협력이다. 성악에서는 복부와 횡격막이 협력하여 호흡과 발성을 지탱하고 골프에서는 양쪽 축이 번갈아 가며 힘의 전달을 돕는다. 이처럼 두 활동은 서로 다른 분야지만 동일한 원리를 공유하며 지탱과 균형은 성악과 골프 모두에서 안정적이고 자연스러운 움직임을 이끌어내는 핵심 요소다.

고음 발성과 골프 장타의 원리

필자가 운영하는 성악 오페라 최고위과정의 모든 멤버가 참여하는 특별한 골프 대회가 열렸다. 이 대회는 단순한 골프 경기를 넘어 골프와 음악회를 결합한 행사로, '그린 음악회'라는 이름으로 운영되고 있다. 스포츠와 음악의 조화를 추구하며 참가자들에게 두 가지 활동의 즐거움을 동시에 제공하는 이 행사는 독특한 전통과 의미를 담고 있다.

골프 라운딩 중 버디를 성공한 멤버에게 동반자들이 버디 송을 불러주는 관례가 있으며 그늘집에서는 참가자들이 주임교수의 지휘로 함께 노래를 부르는 시간이 이어진다. 흥미로운 점은 성악 발성과 골프의 원리가 매우 유사하다는 것이다. 경기가 진행될수록 참가자들의 실력이 팽팽하게 맞서는 장면이 연출되고 후반부에는 1오버파로 10명이 공동 선두를 차지했다. 마지막에는 신입생 원우가 추가 버디를 성공하며 이븐파로 메달리스트가 되었다. 저녁에는 기수별 중창 배틀이 열리고 지도 교수들의 노래가 이어지는 음악회가 진행되어 대회는 화려하게 마무리되었다.

골프와 성악 발성의 공통된 원리

　첫째, 호흡과 백스윙의 힘의 비축이다. 골프에서 올바른 스윙 폼이 중요하듯 성악 발성에서도 정확한 호흡과 발성법이 필수적이

골프와 음악회를 같이 하는 벨라비타 그린 음악회

기수별 중창 배틀   골프 라운딩

다. 골프에서는 백스윙으로 모은 힘을 정확하게 전달해야 하고 성악에서는 깊게 들이마신 호흡이 폐와 횡격막을 통해 안정적이고 힘 있는 소리를 만든다.

둘째, 임팩트의 중요성이다. 골프에서는 백스윙으로 모은 힘을 임팩트 순간에 스윗 스팟에 정확하게 전달해야 하고 성악에서는 깊게 들이마신 호흡이 폐와 횡격막을 통해 임팩트 있게 성대를 지나가야 안정적이고 힘 있는 소리를 만든다.

셋째, 폴로 스루와 공명 활용이다. 골프에서 강한 폴로 스루가 공을 멀리 보내는 데 필수적이듯 성악에서는 소리가 코와 입천장을 울리며 공명을 통해 멀리 전달되어야 한다.

골프에서 드라이버 샷의 성공은 매우 중요하다. 긴 드라이버 샷은 세컨드 샷을 수월하게 하고 좋은 위치에서 플레이를 이어갈 수 있게 한다. 이를 위해서는 스윙 스피드와 임팩트 순간의 정확한 힘 전달이 필수적이다. 백스윙에서는 힘을 뺀 자연스러운 회전이 중요하고 다운스윙에서는 빠른 스피드와 균형 잡힌 지탱이 필요하다.

스윙에 지나치게 힘을 주면 오히려 스피드가 떨어지고 부상 위험이 커지기 때문에 유연한 스윙과 적절한 힘 배분이 장타의 비결이다.

골프의 원리처럼 성악 발성에서도 고음을 내는 데는 스피드가 중요하다. 성대를 빠르게 통과하는 공기가 고음을 만드는 핵심 요소로 작용하는데 이는 베르누이 법칙과 관련이 있다. 이 법칙에 따르면 공기가 빠르게 흐를수록 성대 주름이 짧아지고 더 높은 음역이 형성된다. 따라서 성악에서는 하체를 안정적으로 지탱하며 상체에 불필요한 긴장을 피하는 것이 필수적이다. 하체가 안정되면 성대가 부드럽게 작동해 공기의 흐름이 원활해지고 빠른 속도로 고음을 낼 수 있다.

과도한 힘은 성대에 부담을 주고 공기의 흐름을 방해해 고음의 스피드를 떨어뜨리며 성대 결절과 같은 부상 위험을 높인다. 따라서 성악에서는 자연스러운 호흡과 흐름을 유지하며 힘을 적절히 조절하는 것이 중요하다.

성악 발성에서 스피드를 향상시키고 고음을 안정적으로 내기 위해서는 이미지 트레이닝이 효과적이다. 마치 골프에서 목표를 멀리 설정하고 스윙하는 것처럼 성악에서 소리도 조금 멀리 보낸다는 이미지를 가지면 스피드가 자연스럽게 증가한다. 이러한 이미지화는 소리를 멀리 뻗어나가게 도와주며 고음 발성의 안정성도 높여준다.

결국 골프와 성악 발성은 힘의 비축과 전달, 올바른 테크닉, 균형 잡힌 지탱이라는 공통된 원리를 통해 더 나은 성과를 이끌어낸다. 두 활동 모두에서 몸과 마음의 조화를 통해 자연스럽고 효과적인 결과를 얻을 수 있으며 자신감을 높이고 성취감을 제공하는 중요한 경험이 된다.

발성의 도구로서 성악 이용

노래와 경연 프로그램을 좋아하는 취향 덕분에 여러 경연에서 발성의 중요성을 체감하게 된다. 종편 방송의 트로트 경연 프로그램과 중창 경연 프로그램인 〈팬텀 싱어〉를 관심 있게 지켜봤다. 출연자들의 무대를 보면서 심사위원의 평가와 비교하고 지인들과 함께 의견을 나누는 과정에서 얻는 재미가 크다.

최근 경연 프로그램에서 공통적으로 눈에 띄는 점은 발성이 뛰어난 경연자들이 우승한다는 것이다. 한 방송에서는 성악가 출신 경연자가 풍부한 공명과 안정된 음정으로 무대를 장악하며 우승했다. 또 다른 프로그램에서는 이전에 실패했던 참가자가 발성 훈련을 통해 성장한 모습으로 재도전해 우승을 차지했다. 이처럼 발성은 단순한 기술을 넘어 감동을 전달하는 중요한 요소다. 좋은 발성은 음정과 박자를 정확하게 맞추고 발음을 명확하게 전달해 청중이 노래의 감정을 깊이 느끼고 공감할 수 있도록 한다.

필자가 운영하는 성악 오페라 최고위과정은 다양한 배경과 직업을 가진 CEO 30여 명이 참여해 4월 초에 시작된다. 모집 과정에서

일부 참가자들은 "성악은 어렵게 느껴진다. 차라리 가요를 배우고 싶다"라는 걱정을 표현한다. 이에 필자는 성악 발성 원리가 모든 장르의 노래 실력을 향상시키는 가장 최적화된 도구라고 설명한다.

트로트 경연에서 짧은 호흡으로 인해 음정이 떨어지거나 성대 접촉이 부족해 발음이 불명확해지는 문제를 종종 볼 수 있다. 성악 발성에서는 공명을 통해 울림을 확보해야만 청중에게 감동을 줄 수 있다. 성악 발성을 배우는 것은 다른 장르의 노래를 더 잘 부르기 위한 기초가 된다. 필자 역시 성악 발성을 배우고 나서 목소리의 울림이 좋아졌다는 평가를 자주 듣는다. 특히 트로트를 좋아하는 필자는 발성 훈련을 통해 노래에 깊이가 생겼다는 지인들의 평가를 들으며 성악 발성의 효과를 실감하고 있다.

성악 발성을 배우다 보면 노래방에서 노래를 부를 때 잘 되지 않아 당황할 수 있다. 특히 여성의 경우 성악 발성은 주로 가성으로 이루어지는데 노래방에서는 진성으로 불러야 할지, 가성으로 불러야 할지 헷갈릴 때가 많다. 하지만 꾸준히 연습하고 경험을 쌓다 보면 저음에서는 진성을 사용하고 고음에서는 성악 발성으로 소리를 내는 요령을 익히게 된다. 이렇게 하면 노래를 더욱 효과적으로 표현할 수 있고 좋은 평가를 받을 가능성도 높아진다.

결국 성악은 특정 음악 장르에 국한되지 않고 모든 음악 스타일에 적용 가능한 발성의 기초를 제공하며 이는 노래 실력을 전반적으로 향상시킬 수 있는 길이다. 버스에서 모임 중에 노래를 잘 부르는 비결을 간단히 설명할 기회가 있었는데 필자는 노래를 물총으로 목표를 맞추는 것에 비유했다. 노래는 10미터, 30미터 앞에 있는 청중의 귀에 정확히 소리를 전달해야 한다고 했다. 그래서 물총은 일단 물을 많이 확보하고 입구를 조이고 포물선을 그리도록 들어 올려 쏴야 하듯이 발성도 호흡으로 공기를 비축하고 성대를 조이고 전방 45도 각도로 소리를 보내야 30미터 앞에 있는 청중의 귀에 전달된다.

성악 발성은 호흡, 성대 조절, 공명의 조화가 이루어질 때 비로소 완성된다. 이러한 조화로운 발성은 소리를 멀리 보내고 명확하게 전달하며 청중에게 깊은 감동을 준다. 노래 실력을 키우기 위해서는 꾸준한 연습이 필수적이다. 노래 근육을 발달시키려면 일상 속에서 지속적으로 연습해야 하지만 집에서는 눈치가 보일 수 있어 차 안을 연습 장소로 활용하는 것이 효과적이다.

꾸준한 연습을 통해 호흡 조절, 성대 접촉, 공명 활용을 체득하면 발성과 노래 실력이 점차 향상될 것이다. 차 안과 같은 일상적인 공간에서 습관적으로 연습하면 노래 근육이 발달하고 점점 더 나은 소리를 만들어낼 수 있다. 이처럼 성악 발성은 모든 장르의 음악에 적용할 수 있는 발성의 도구로서 지속적인 발전과 성장을 도와준다.

일상 속 발성 훈련, 자동차에서 노래 연습하기

노래 연습을 위한 일상적인 장소를 찾는 것은 쉽지 않다. 특히 중요한 공연을 앞두고는 연습 공간을 찾는 고민이 커지기 마련이다. 집에서 연습할 경우 가족이나 이웃에게 소음으로 불편을 줄 수 있고 산속의 조용한 장소를 찾더라도 등산객과 마주치면 어색할 수 있다. 개방된 공간에서는 소리가 사방으로 퍼지기 때문에 자신이 내는 소리를 정확하게 느끼기 어렵다.

이러한 문제를 해결하기 위해 자동차 안은 효과적인 연습 장소가 될 수 있다. 차 안에서의 노래 연습은 몇 가지 장점을 제공하며 일상 속에서 손쉽게 발성을 훈련할 수 있는 환경을 제공한다. 자동차 안에서의 노래 연습은 다른 사람의 방해를 받지 않고 집중할 수 있다는 점이 큰 이점이다. 창문을 닫으면 외부로 소리가 새어 나가지 않기 때문에 마음껏 큰 소리로 연습할 수 있다. 스마트폰이나 차량 오디오에 반주 MR을 재생하면서 곡의 흐름에 맞춰 실전처럼 연습하는 것은 실제 공연에서의 긴장감을 줄이는 데 효과적이다.

차 안의 제한된 공간은 소리를 집중시키고 공명 연습에 최적의 환경을 제공한다. 소리를 신호등이나 안내 표지판을 보면서 10시 방향으로 보내는 이미지를 떠올리며 연습하면 공명과 소리의 전달력을 향상시

킬 수 있다. 운전 중에는 신호 대기나 정체 구간을 활용해 짧게 구간 연습을 하는 것도 좋은 방법이다. 이렇게 구간별로 반복 연습을 하면 공연에서의 실수를 줄이고 자신감을 높이는 데 큰 도움이 된다.

호흡 연습은 발성의 기초로 자동차 안에서 노래 연습을 시작할 때 가장 먼저 시도해 볼만한 방법이다. 〈그 집 앞〉과 같은 익숙한 노래를 활용하면 자연스럽게 숨을 들이마시고 내쉬는 타이밍을 익힐 수 있다. 숨을 크게 들이마신 후 한 소절을 부르고 다시 숨을 쉬는 연습을 반복하면서 호흡 조절 능력을 키울 수 있다. 이처럼 간단한 곡을 통해 연습하면 호흡과 발성을 조화롭게 연결할 수 있다.

성대를 제대로 붙이는 연습도 중요한 요소다. '가', '까', '카'와 같은 발음을 반복하면 성대가 단단히 닫히는 느낌을 체감할 수 있다. 성대가 잘 붙으면 소리가 명확하고 힘 있게 나며 발성의 효율이 크게 향상된다. 이탈리아어처럼 경음이 많이 포함된 발음을 연습하면 성대 접촉이 강화되고 발성이 한층 더 선명해진다.

차 안에서는 공명 연습도 효과적으로 수행할 수 있다. 신호등이나 도로 표지판과 같은 목표물을 정해 소리를 그 방향으로 발사하듯 내보내면 공명의 효과를 극대화할 수 있다. 소리가 좁은 공간에서 반사되어 울리는 차 안의 환경은 구강과 비강을 활용해 소리를 부드럽고 풍부하게 만드는 연습에 적합하다. 이러한 연습은 소리가 더 멀리, 더 풍부하게 전달될 수 있도록 돕는다.

자동차 안에서의 노래 연습은 시간과 장소의 제약 없이 효과적인 발성 훈련을 가능하게 한다. 특히 자신감 있게 소리를 낼 수 있는 환경을 만들어주며 반주와 함께 실전과 유사한 상황을 조성하는 것이 큰 장점이다. 중요한 공연을 준비할 때 차 안에서의 꾸준한 연습은 안정된 발성과 고음 구현에 큰 도움이 된다. 그러나 자동차 안은 건조할 수 있기 때문에 수분을 충분히 섭취하여 성대를 보호하는 것이 중요하며 짧고 집중된 연습을 통해 성대에 무리가 가지 않도록 주의해야 한다.

발성 연습은 단순한 반복이 아니라 정확한 발성과 소리의 전달을 체득하는 과정이다. 성대의 접촉과 호흡의 조화, 공명의 사용을 일상 속에서 꾸준히 훈련하면 노래 근육이 발달하고 점점 더 나은 소리를 만들어낼 수 있다. 차 안과 같은 집중된 공간을 잘 활용하면 소리의 안정성과 전달력이 한층 더 향상되어 공연에서의 자신감을 크게 높여줄 것이다.

중장년의 팬덤, 임영웅의 발성

초등학교 교사로 정년퇴직한 누이가 임영웅 콘서트 티켓을 부탁했다. 티켓팅이 얼마나 치열한지 여러 명이 동원되어야 겨우 구할 수 있다는 말을 듣고 정시에 접속했다. 그러나 대기 인원이 이미 15만 명을 넘어서 결국 포기하고 말았다. 그런데 얼마 지나지 않아 티켓을 구했다는 환호성이 들렸다.

케이팝 아이돌 팬덤의 열기를 익히 알고 있었지만 이번 경험을 통해 중장년층 팬덤의 열정이 더 강렬하다는 사실을 깨달았다. 이 팬덤은 단순한 취미를 넘어 일상에 새로움과 설렘을 더하는 중요한 활동으로 자리 잡았다. 소녀 시절 잘생긴 동네 오빠에 대한 추억이 작용할 수 있지만 임영웅의 인기는 외모를 넘어 그의 노래 실력과 감성 전달 능력에서 비롯된다.

임영웅의 음악은 트로트와 발라드를 현대적 감각으로 편곡해 청중에게 공감과 위로를 전달한다. 그의 발성은 뛰어난 호흡 조절과 섬세한 감정 표현으로 돋보인다. 이러한 음악적 특징은 중장년층뿐 아니라 폭넓은 연령층에게 사랑받는 이유가 된다.

임영웅의 팬덤은 단순한 음악 소비를 넘어 일상의 활력과 정서적 위로를 제공한다. 기존의 케이팝 아이돌 팬덤과는 성격이 다르며 중장년층이 자신만의 문화를 만들어가는 과정으로 볼 수 있다. 임영웅의 노래가 좋은 이유를 묻는다면 편안하면서도 고급스럽게 부른다는 답이 돌아온다.

탁월한 가창력과 발성 능력을 갖춘 그는 넓은 음역대로 다양한 장르를 소화하며 힘들이지 않고 자연스럽게 뱉어내듯 부르는 방식으로 청중의 마음을 사로잡는다. 그의 섬세한 감정 표현은 듣는 이들에게 깊은 감동을 준다.

성악을 전공하지 않았지만 임영웅의 발성은 호흡, 성대 사용, 공명 조절의 삼요소를 균형 있게 구사한다. 이 균형 잡힌 발성 덕분에 그는 다양한 음악 스타일에 자연스럽게 적응하며 편안함과 세

련미를 유지한다.

임영웅의 음악적 성공은 단순한 기술을 넘어 감정을 섬세하게 표현하고 자연스럽게 전달하는 데 있다. 그의 발성은 소리가 공명하며 자연스럽게 울리는 특징이 있다. 'ㅎ' 발음을 통해 입천장을 가볍게 울려 공명 효과를 극대화하며 고급스럽고 편안한 소리를 만들어낸다.

공명과 발음의 활용

임영웅의 발성은 소리를 10시 방향, 즉 미간 사이로 빠져나가게 해 울림을 극대화한다. 이는 음정을 유지하면서도 소리가 멀리 전달되도록 돕는다. '아', '하', '허'와 같은 소리를 연이어 내면 공명의 위치가 점차 상승하며 고음에서도 단단하고 부드러운 소리가 가능해진다.

전통적으로 성악에서 사용된 'ㅎ' 발음은 가요에서도 자주 활용된다. 예를 들어, 홍진영은 '엄지 엄지척'을 '험지 엄지척'으로 발음하거나 '그'와 '드'를 '크'와 '트'로 바꿔 발음해 성대의 긴장을 줄이고 공명을 극대화하는 기법을 추천한다. 임영웅의 '보라빛 엽서'를 '보ㅎ라빛 여협서'로 발음하면 울림과 고급스러움을 살릴 수 있다. 이선희의 '아~ 옛날이여'는 '하~ 헷날이여'로 발음할 경우 고음에서 더 자연스러운 울림을 얻을 수 있다.

올바른 호흡과 발성

임영웅의 노래가 편안하게 들리는 비결은 그의 호흡 관리에서 비롯된다. 물총이 직선으로 멀리 물을 뿜어내듯 폐에 공기를 충분히 채우고 적절히 조절하며 사용하는 것이 핵심이다. 공기를 채우는 것뿐 아니라 천천히 길게 내보내는 탄력을 유지하는 능력도 중요하다.

임영웅의 첫 음은 청중의 귀를 열고 감동을 주는 밀도와 긴장감이 담겨 있다. 이는 물 풍선에 물을 가득 채운 후 작은 구멍을 통해 물을 쏘아내는 원리와 비슷하다. '오늘도 가버린'과 같은 구절에서는 첫 음부터 호흡의 긴장감을 유지하며 소리를 내 안정적이고 감동적인 울림을 만든다. 그의 발성과 호흡 조절은 첫 음부터 청중의 마음을 사로잡는 핵심 요소다.

4
공연 준비와 무대 경험

첫 무대를 위한 노래 연습하기

가을이 되면 성악 오페라 최고위과정에 참여하는 원우들은 첫 무대를 준비하며 곡 선정에 깊은 고민을 시작한다. 적절한 곡을 선택하는 것은 실력의 중요한 부분으로 각자의 음역과 음색, 역량에 맞는 곡을 고르는 것이 무엇보다 중요하다. 자신에게 잘 맞는 곡을 부르면 자신감이 생기고 곡의 감정을 관객에게 더 깊이 전달할 수 있다.

처음 무대에 서는 일은 설렘과 기대감을 안겨주지만 동시에 두려움과 긴장감을 느끼게 한다. 공연 준비 과정에서 자신의 한계를 마주하며 이를 극복하는 경험은 쉽지 않지만 가족과 지인들에게 좋은 무대를 선사하고자 하는 마음으로 연습에 몰입하게 된다.

첫 무대를 위한 연습 과정

곡을 선택할 때는 자신의 강점을 최대한 드러낼 수 있는 작품을 고르는 것이 중요하다. 각자의 음역에 맞는 곡을 선정해야 무리 없는 발성이 가능하며 그 결과 무대에서 자연스럽게 자신을 표현할 수 있다. 곡의 내용을 깊이 이해하는 것은 청중과의 공감을 형성하는 데 필수적이다. 공연을 준비하는 과정은 도전과 설렘이 함께하는 시간이지만 무대 경험은 자신의 음악적 역량을 넓히고 성장의 기회를 제공한다.

곡이 정해지면 원우들은 세 가지 핵심 영역에 집중해 연습을 이어간다. 첫 번째는 악보와 곡의 구조를 정확히 이해하는 것이다. 악보를 보며 곡의 흐름과 멜로디를 익히는 것은 곡의 전환부와 클라이맥스를 자연스럽게 소화하는 데 필수적이다. 두 번째는 소리의 위치를 정립하고 유지하는 연습이다. 소리가 구강과 비강의 공명에 정확히 위치할 때 성대에 부담 없이 힘 있는 소리를 낼 수 있다.

세 번째는 곡의 분위기에 맞춘 제스처와 퍼포먼스를 연습하는 것이다. 신체의 움직임과 눈빛, 자세를 곡의 감정과 일치시켜야 관객과의 공감이 극대화된다.

이러한 연습은 반복을 통해 노래가 몸에 자연스럽게 배도록 하는 것이 목표다. 악보 이해와 발성, 퍼포먼스를 일관되게 연습하면 무대에서 자신감 있게 노래할 수 있게 된다. 이 과정에서 축적된 노력은 관객에게도 고스란히 전달되며 무대 위에서의 감동적인 퍼포먼스는 청중과의 공감을 나누는 중요한 경험으로 이어진다.

곡의 배경을 이해하고 감정을 표현하는 것은 무대에서의 완성도를 높이는 핵심이다. 예를 들어 가곡 〈비목〉은 무명용사의 희생과 고독을 기리는 곡으로 이를 부를 때는 비애와 존경의 감정을 깊이 표현해야 한다. 〈첫사랑〉은 사랑의 설렘과 진심을 담은 곡으로 감미로운 음색과 진정성 있는 표현이 중요하다. 오페라의 경우 〈오 사랑하는 나의 아버지〉는 애원과 협박이 섞인 감정을 극적으로 표현해야 하며, 〈남몰래 흐르는 눈물〉은 섬세한 감정 표현이 필수적이다.

곡의 배경과 감정을 파악하며 연습하면 단순히 음정 맞추기를 넘어서 청중과 깊은 교감을 나눌 수 있다. 이는 악보를 외우는 것만으로는 얻을 수 없는 음악적 완성도를 만들어낸다. 유튜브에서 유명 성악가의 연주를 들으며 악보를 분석하는 것은 감정과 음색을 이해하는 데 큰 도움이 된다. 전주의 흐름을 허밍으로 따라 부르며 감정에 몰입하고 첫 음을 정확히 준비하는 것도 중요한 과정이다.

노래에서 첫 음은 매우 중요한 역할을 한다. 성악가들은 첫 음을 내기 전 깊고 안정된 호흡을 통해 준비하며 전주의 흐름에 따라 소리의 위치를 조정한다. 구강과 비강의 공명을 활용해 소리를 자연스럽게 보내기 시작하면 발성의 안정성을 높일 수 있다. 첫 음을 목표 지점까지 보낸다는 이미지를 마음속에 그리며 연습하면 공연에서 소리가 더욱 명확하고 힘 있게 전달된다.

자동차를 활용한 노래 연습은 일상 속에서도 효과적인 발성 훈련을 가능하게 한다. 차 안은 소리가 집중되어 공명 연습에 유리한 환경을 제공한다. 창문을 닫고 자신감 있게 소리를 내는 연습을 하면 공연에서의 자신감을 높일 수 있다. 호흡과 성대의 조화, 공명의 활용을 꾸준히 연습하며 노래 근육을 단련하는 것은 무대에서의 성공을 위한 중요한 준비 과정이다.

노래는 단순한 기술을 넘어 감정을 전달하는 예술이다. 꾸준한 연습과 준비가 무대를 완성시키며 그 결과가 청중과의 공감으로 이어진다. 첫 무대를 준비하는 과정에서 자신을 표현하고 성장하는 경험은 음악적 성취를 넘어 삶의 중요한 경험이 된다.

첫 공연 준비

무대에서 노래를 부르는 일은 설렘과 긴장감이 교차하는 특별한 경험이다. 공연의 규모와 관계없이 관객과의 첫 만남을 준비하며 어떤 곡을 선택하고 어떻게 표현할지를 고민하는 과정이 중요하다. 흔히 "백 번 부르면 가사를 외우고, 천 번 부르면 무대에 설 수 있으며, 만 번 부르면 자연스럽게 부를 수 있다"라는 말처럼 반복된 연습이 무대 위 자신감과 자연스러움을 만드는 핵심이다.

선정된 곡에 대한 집중적 연습이 중요하다. 자신의 음역대에 맞게 조key를 조정하고 악보를 분석하여 악보에 나타나는 음악 용어와 악상 기호를 파악한다. 음악 용어 Adagio는 느리고 편안하게, Cantabile는 노래하듯이 연주하라는 뜻으로 곡의 전체적인 분위기, 속도, 감정, 연주 스타일을 언어적으로 지시한다. 그리고 악상 기호는 기호나 간단한 문자로 나타나며 강약, 음 길이, 연결 방식 등 특정한 연주 방법을 지시한다. 음악 용어는 곡의 큰 맥락을 제공하고 악상 기호는 이를 세부적으로 실행할 수 있도록 돕는다.

가사를 여러 번 읽으며 가사의 의미를 깊이 이해하고 단어의 강약을 표시한다. 외국어 노래의 경우 번역된 내용을 파악하고 발음에 집중해 연습해야 한다. 가사를 외우기 위해 작은 쪽지에 가사를 적어 이동 중에도 자주 보는 방법이 유용하다.

유튜브에서 성악가의 연주를 분석하고 그들의 발성과 제스처를 관찰하며 배우는 것도 좋은 연습 방법이다. 성악 레슨에서는 교수

벨라비타 성악 오페라 최고위과정 졸업공연 리허설

의 발음과 동작을 정확히 따라하며 실력을 빠르게 향상시킬 수 있다. 연습 중 지적받은 부분을 메모해 반복 연습하며 곡이 몸에 배도록 하는 것이 목표다.

리허설에서는 실제 공연처럼 감정을 잡고 호흡하며 연습한다. 거울 앞에서 연습을 하며 실수했던 부분을 보완하고 전주의 흐름에 맞춰 자신 있게 첫 음을 내는 연습이 중요하다. 마지막 음까지 감정을 유지하며 청중과의 연결을 상상하는 것도 좋은 방법이다. 공연의 완성도는 반복된 연습에서 나오며 진정성 있는 소통이 최고의 성과로 이어진다.

공연 의상은 곡의 감정을 시각적으로 표현하는 중요한 요소다. 여성 성악가는 노래의 분위기에 맞는 드레스를, 남성 성악가는 품격을 보여주는 턱시도나 연미복을 선택해야 한다. 의상은 단순한 겉모습을 넘어 공연에 대한 성악가의 준비된 자세를 관객에게 전달하는 수단이다. 편안한 착용감과 움직임의 자유를 고려하는 것도 필수적이다.

성악가에게 건강관리는 필수다. 감기에 걸리면 성대가 부어 발성이 어려워지고 목소리가 갈라질 수 있기 때문이다. 몸을 따뜻하게 유지하고 찬 음료 대신 따뜻한 물을 자주 마시는 습관은 성대를 보호하는 데 도움을 준다. 가습기를 사용해 습도를 유지하면 성대의 건조함을 예방할 수 있다.

성악 발성에는 복식호흡과 신체의 지지가 필요하기 때문에 체력 유지도 중요하다. 유산소 운동은 폐활량을 늘리고 요가와 스트레칭은 근육 긴장을 풀어 부상을 예방한다. 충분한 수면과 균형 잡힌 식사는 목소리와 정신적 안정에 긍정적인 영향을 미친다.

무대 준비는 단순한 발성 훈련을 넘어 몸과 마음의 조화를 필요로 한다. 자신의 상태를 철저히 관리하며 성대를 보호하는 것은 공연에서 더 나은 결과를 만드는 데 필수적이다. 이러한 준비와 노력이 쌓이면 무대 위에서 관객에게 더 깊은 감동을 전달할 수 있다.

벨라비타 성악 오페라 최고위과정 졸업공연 모습

아름다운 인생을 향한 노래 여정

첫 무대 공연 성공하기

준비한 대로 노래를 부르기 위해서는 철저한 연습과 현장 적응 그리고 긴장감을 관리하는 요령이 필수적이다. 중요한 것은 작은 실수에 연연하지 않고 노래를 들으러 온 관객에게 의미와 감동을 선사하겠다는 여유로운 마음으로 임하는 것이다.

공연 전에는 철저한 리허설과 무대 적응이 중요하다. 무대와 객석 구조를 미리 파악하고 리허설을 통해 동선에 익숙해지면 자신감을 높일 수 있다. 무대에서 시선을 고정할 포인트를 미리 정해둔다. 예를 들어 조정실 창문이나 벽시계를 보고 부르면 시선을 안정적으로 유지하는 데 도움이 된다. 반주자와 주요 리듬과 음을 맞추며 곡의 전체적인 흐름을 점검하고 실수할 가능성이 있는 부분을 미리 보완하는 것도 필요하다.

식사와 수분 관리도 공연 준비의 중요한 요소다. 공연 전에는 소화가 잘되는 가벼운 식사를 하고 밥이나 빵과 같은 알갱이 음식은 피하는 것이 좋다. 성대를 보호하기 위해 물을 조금씩 자주 마셔 목을 촉촉하게 유지해야 하며 성대가 건조하면 목소리가 쉽게 피로해질 수 있다.

성대와 근육을 이완하는 것도 필수적이다. 스트레칭으로 몸의 긴장을 풀고 성대 워밍업을 통해 목소리를 준비하는 것이 좋다. 대기실에서는 작은 소리로 성대를 붙이는 연습, 입을 닫고 "음 음 음" 하고 미간 쪽으로 소리를 내며 긴장을 완화하고 목소리를 안정시킬 수 있다.

무대에 설 때는 사회자의 멘트가 끝난 후 천천히 걸어 나오며 여유로운 미소로 관객과 마주한다. 한 발을 앞으로 내밀어 균형을 잡고 마음의 준비가 되면 반주자를 향해 시작 사인을 준다. 제스처를 과감하게 사용하고 동작이 자연스럽게 보이도록 한다.

가사를 실수했을 때는 당황하거나 웃지 말고 이어질 구절을 자연스럽게 연결한다. 가사가 생각나지 않을 때는 지어서 부를 수 있으며 1절을 다시 반복 할 수 있다. 반주자는 흐름을 유지하며 따라오므로 박자에 얽매이지 않고 부드럽게 이어가는 것이 좋다. 간주 중에는 눈을 감고 음악에 몰입하면 긴장감을 줄이는 데 도움이 된다.

곡이 끝난 후에는 박수가 나오더라도 마지막 자세를 유지하며 여운을 남긴다. 반주가 끝날 때까지 팔을 내리지 않고 마무리하며 마지막에 미소 지으며 관객에게 인사한다. 퇴장할 때도 여유롭게 천천히 걸으며 관객과 눈을 맞추면 무대의 완성도를 높일 수 있다.

성공적인 무대를 위해서는 반복적인 연습과 철저한 리허설이 필수적이다. 무대 위의 긴장을 덜어내고 자신감 있게 노래하기 위해서는 여유로운 마음과 유연한 태도가 필요하다. 청중과 진심으로 소통하고 노래에 담긴 감정을 전달하려는 마음이 담길 때 그 무대는 비로소 감동적인 순간으로 남게 된다.

아름다운 인생을 향한
노래 여정

II

노래 부르기,
곡 해석과 연주 전략

1
한국 가곡 부르기

한국 가곡 이해하기

　한국 가곡은 송년 모임이나 소규모 행사에서 여전히 사랑받으며 반주 없이도 자연스럽게 부르기 좋다. 이러한 노래들은 모임의 분위기를 한층 고조시키며 사람들 간의 교류를 더욱 풍성하게 만든다. 대중문화가 한국 경제와 관광산업에 큰 영향을 미치는 현시대에서도 한국 가곡은 일상 속에서 감동을 주는 음악으로 여전히 자리 잡고 있다.
　한국 가곡을 잘 부르기 위해서는 곡을 선곡하는 방법, 가사에 감정을 담아 표현하는

법, 그리고 정확한 한국어 발음을 전달하는 방법을 익히는 것이 중요하다. 선곡은 노래 실력뿐 아니라 모임의 성격과 계절을 고려해 이루어져야 한다. 봄에는 〈봄 처녀〉, 여름에는 〈비목〉, 가을에는 〈아 가을인가〉, 겨울에는 〈눈〉과 같은 노래가 좋고 모임에서는 〈마중〉이나 〈시간에 기대어〉 같은 부드러운 신가곡이 적합하다.

한국 가곡의 작곡가인 최영섭 선생님은 "한국 가곡은 시를 바탕으로 하여 작곡하기 어렵고 감정 표현도 쉽지 않다"라고 말했다. 바리톤 송기창은 "가곡을 부를 때는 곡의 배경을 이해하고 가사를 여러 번 읽으며 의미를 충분히 파악하는 것이 중요하다"라고 조언했다.

예를 들어 작곡가 윤학준의 〈마중〉은 사랑을 향한 기다림의 감정을 담고 있어 시처럼 낭송하는 느낌을 살려야 한다. 이처럼 한국 가곡은 단순한 음악이 아니라 깊은 시적 감수성을 담고 있으며 이를 온전히 전달하기 위해 가사의 의미와 감정을 이해하는 것이 필수적이다.

한국어는 발음이 어려워 노래하기 까다로운 언어로 여겨지지만 정확한 발음을 통해 정서를 제대로 표현하는 것이 중요하다. 한국어 발음에는 '으'와 같은 모음이나 'ㄹ', 'ㅂ', 'ㄷ' 같은 닫히는 받침이 있어 소리가 매끄럽게 이어지기 어렵다. 이러한 발음 문제를 해결하기 위해 중요한 단어에는 악센트를 주고 모음을 박자에 맞추어 길게 끌며 자음은 짧고 명확하게 발음해야 한다. 발음이 어려운 '으' 소리는 먼저 '어'로 연습한 후 해당 위치에서 자연스럽게 '으'

를 발음하는 방식으로 교정할 수 있다.

한국 가곡은 예전에 드라마에 등장하거나 경연대회에서 인기를 끌며 대중적인 관심을 받았다. 〈목련화〉, 〈비목〉, 〈그리운 금강산〉 같은 가곡은 많은 이들의 사랑을 받았고 엄정행, 임웅균, 조수미 같은 성악가들이 지금의 트로트 스타처럼 대중적인 인기를 누리던 시절도 있었다.

벨칸토 창법을 통해 가곡을 부르면 노래가 더욱 편안하고 아름답게 전달된다. 한국 가곡은 삶의 희로애락을 담고 있으며 이를 통해 한국인의 정서를 예술로 승화시킨다. 가곡이 다시 대중의 사랑을 받는 날이 오기를 기대하며 사람들 사이에 공감을 넓히는 매개체가 되길 바란다.

그리움과 향수를 노래

🎼 가고파

〈가고파〉는 나이 지긋한 분들과의 모임에서 부르기 좋은 곡이다. 이 노래는 추억과 고향, 친구를 떠올리게 해 모임의 분위기를 따뜻하게 만든다. '내 고향 남쪽 바다'라는 구절을 부를 때 비록 고향이 바다가 아니더라도 여행에서 보았던 통영의 바다와 같은 장면이 떠오를 수 있다. 이러한 개인적인 추억을 떠올리며 노래를 부르면 감정이 자연스럽게 스며들어 노래의 감동이 깊어진다.

이 노래는 이은상이 작사하고 김동진이 작곡한 가곡으로 1933년 김동진이 스무 살의 나이에 작곡한 작품이다. 단순한 향수를 넘어 고향과 잃어버린 조국에 대한 그리움을 담고 있다. 노래의 첫 구절인 '내 고향 남쪽 바다 그 파란 물 눈에 보이네'는 고향의 아름다운 풍경을 생생하게 묘사하며 자연스럽게 듣는 이의 추억과 향수를 불러일으킨다. 나 역시 이 구절을 부를 때 통영의 바다를 떠올리며

그곳에서 같이 여행했던 친구들과의 소중한 시간이 생각난다.

노래를 부르다 보면 어린 시절의 추억도 함께 떠오른다. 농촌에서 자랐던 시절, 친구들과 함께 보리 서리를 하며 짚불에 보리를 구워 먹던 기억이 떠오

통영에서 〈가고파〉를 부르는 필자

른다. 손과 얼굴이 시커멓게 그을릴 만큼 장난스럽게 놀았지만 그 경험은 아직도 반짝이는 추억으로 남아 있다. 이러한 개인적인 경험이 〈가고파〉를 부를 때 노래에 더 깊은 감정을 실어주며 곡의 의미를 더욱 진정성 있게 전달할 수 있도록 만든다.

곡 해석과 연주 전략: 〈가고파〉

이 곡은 사장조로 4분의 3박자와 4분의 4박자가 교차하면서 진행되며 고향을 향한 설렘과 현실의 고통을 동시에 담아낸다. 고향의 평화로움을 표현하는 부드러운 구절과 고향으로 달려가고픈 마음을 강렬하게 담은 구절이 교차하면서 감정의 흐름을 따라 자연스럽게 고조된다.

곡의 첫 부분인 '내 고향 남쪽 바다 그 파란 물 눈에 보이네, 꿈엔들 잊으리요 그 잔잔한 고향바다'에서는 4분의 4박자로 시작되고 고향의 아름다움을 상상하며 부드럽고 잔잔하게 표현하는 것이 중요하다. 첫 음이 중요하기 때문에 소리의 위치를 잡고 낭랑하게 내주어야 한다. 그리고 '그 잔잔한'을 잔잔한 바다가 상상되도록 집중해서 부른다. 레가토legato로 매끄럽게 소리를 이어가며 고향의 평화로움을 전달해야 한다.

그다음 구절인 '지금도 그 물새들 날으리 가고파라 가고파'에서는 4분의 3박자로 전환되며 빠른 리듬이 고향으로 달려가고 싶은 간절함을 드러낸다. 마지막 '가고파'는 설렘과 흥분을 담아 조금 더 에너제틱하게 불러야 감정의 고조를 자연스럽게 표현할 수 있다.

'어릴 제 같이 놀던 그 동무들 그리워라, 어디 간들 잊으리요 그 뛰 놀던 고향 동무 오늘은 다 무얼 하는가 보고파라 보고파'에서는 고향 친구들에 대한 애틋한 감정이 담겨 있으며 '오늘은'에서 '은' 음이 한 옥타브 높아지면서 감정이 더욱 고조된다. 이 부분은 친구들에 대한 추억과 현재에 대한 그리움을 담아 목소리로 감정을 더욱 깊이 전달해야 한다.

'그 물새 그 동무들 고향에 다 있는데 나는 왜 어이타가 떠나 살게 되었는고, 온갖 것 다 뿌리치고 돌아갈까 돌아가'에서는 후회와 외로움이 절정에 이른다. '떠나 살게'를 소리의 밀도와 강약을 조절하여 고향을 떠난 서러움을 극대화하며 감정을 절절하게 표현하는 것이 중요하다.

마지막 구절인 '가서 한데 얼려 옛날같이 살고지고 내 마음 색동옷 입혀 웃고 웃고 지내고저'에서는 고향에서 다시 행복하게 살고 싶은 마음을 담아 부드럽게 마무리한다. 이 부분에서는 희망과 기대를 담아 여운을 남기며 감정을 절제하면서도 진심을 담아 부르는 것이 핵심이다.

'그 날 그 눈물 없던 때를 찾아가자 찾아가자'라는 반복 구절에서는 청중과의 공감을 극대화하기 위해 에너지를 조금 더 고조시키며 노래를 마무리한다. '그 날 그'에서 '그' 음이 한 옥타브 올라가는 노래의 클라이맥스이므로 목소리의 강약을 조절해 깊은 감정을 전달하고 마지막까지 소리의 흐름을 유지해 곡의 완성도를 높여야 한다.

🎼 고향의 노래

이 곡은 소프라노의 대표적인 가곡으로 듣는 순간 고향의 겨울 풍경이 눈앞에 그려진다. 눈이 수북이 쌓인 초가집 지붕, 대문을 열면 바로 마주치는 눈사람, 앙상한 감나무 위에 앉은 까치, 차가운 바람소리가 스치는 대나무 숲, 개울에서 썰매 타는 아이들, 그리고 언 손을 녹이던 따뜻한 장작불이 자연스럽게 떠오른다.

작곡가 이수인은 한국 음악계에서 특별한 존재로 기억된다. 2021년 여름 우리 곁을 떠난 그는 고등학교 시절에 세계적인 작곡가 윤이상에게 음악을 배웠으며 국어 교사였던 유치환과 김춘수로부터 문학적 가르침을 받았다. 이 경험은 그의 음악에

이수인 추모 공연 포스터

깊이 있는 서정성과 문학적 아름다움을 더하는 밑거름이 되었다. 그래서 이수인은 한국 문인협회로부터 '가장 문학적인 작곡가'로 선정된 바 있다.

그의 대표작으로는 〈고향의 노래〉, 〈내 맘의 강물〉, 〈별〉, 〈석굴암〉 등이 있다. 이러한 곡들은 한국적 정서를 담아내면서도 단순한 아름다움 이상의 음악적 완성도를 보여준다. 특히 그의 음악은 합창단에서도 많이 불리며 작품의 예술성을 입증하고 있다.

이수인은 항상 고향을 그리워하는 마음을 간직하고 있었다. 이 마음은 그의 친구였던 시인 김재호가 보내온 고향 소식과 시가 담긴 편지로 인해 더욱 깊어졌다. 이 편지를 계기로 작곡한 노래는 발표되자마자 많은 사람들의 사랑을 받으며 폭넓은 공감을 불러일으켰다. 이수인의 곡들은 청중의 마음속에 고향의 정취와 따뜻한 감정을 불러일으키며 한국적 정서를 노래하는 중요한 음악 유산으로 자리매김했다.

곡 해석과 연주 전략: 〈고향의 노래〉

〈고향의 노래〉는 내림 라장조로 작곡된 가곡으로 4분의 4박자와 보통 빠르기Moderato로 부드럽게 불러야 한다. 이 곡은 고향에 대한 깊은 그리움과 회상을 담고 있어 첫 소절부터 감정이 잘 전달되도록 레가토로 매끄럽게 이어주는 것이 필수적이다. 전주에서는 고향의 풍경과 추억을 떠올리게 하며 한 옥타브를 올리는 피아노의 선율이 청중의 감정을 준비하게 돕는다.

첫 소절인 '국화꽃 져버린 겨울 뜨락에'에서는 음이 자연스럽게 이어져야 하며 특히 '린'과 '겨'의 연결이 부드러워야 고음으로의 전환이 안정적으로 이루어진다. 이어지는 '창 열면 하얗게 무서리 내리고'에서는 눈 덮인 겨울 풍경을 그리듯 편안하게 부르며 고요한 겨울의 이미지를 청중에게 전달하는 것이 중요하다. '나래 푸른 기러기는 북녘을 날아간다' 구절에서는 크레셴도를 통해 기러기가 멀리 날아가는 모습을 생생하게 표현하고 셋잇단음의 '날아간다'에서는 점차 아쉬움이 묻어나도록 연주해야 한다.

'아 이제는 한적한 빈들에 서보라'에서는 곡의 감정이 절정에 이르며 격정적인 감정을 최대치로 끌어올린 후 점차 줄여가면서 들판의 공허함과 아련함을 섬세하게 전달한다. 이 부분을 부를 때 감정의 변화에 주의를 기울이며 점진적으로 감정을 줄여나가는 것이 필요하다.

'고향길 눈 속에선 꽃 등불이 타겠네, 고향길 눈 속에선 꽃 등불이 타겠네'라는 구절에서는 고향에 대한 그리움이 극대화된다. 이 부분의 '선' 음은 두성으로 부르며 안정된 호흡으로 지지해야 한다. 마치 계단을 한 계단씩 오르듯 신중하게 음을 쌓아가며 부르는 것이 좋다. 후반부에서는 조심스럽게 내려오는 음정이 고향에 대한 정서를 정리하며 섬세하게 마무리되도록 유도해야 한다.

2절에서는 고향의 겨울에서 봄을 기다리는 장면을 그려낸다. '달 가고 해 가면 별은 멀어도 산골짝 깊은 곳 초가 마을에' 구절에서 서정적인 전환이 시작되며 봄을 기다리는 설렘을 담아낸다. '봄이 오면 가지마다 꽃 잔치 흥겨우리'에서는 밝고 경쾌한 감정으로 노래하며 변화하는 계절의 감동을 청중에게 전달해야 한다.

후반부의 '아 이제는 손 모아 눈을 감으라' 구절에서는 고향에 대한 간절한 마음을 담아야 한다. 이어지는 '고향집 싸리울엔 함박눈이 쌓이네, 고향집 싸리울엔 함박눈이 쌓이네'는 고향의 평온함과 따뜻한 추억을 떠올리게 하는 중요한 부분이다. 이 구절에서 가사와 멜로디가 조화를 이루며 고향의 소박한 정취와 향수를 자연스럽게 표현해야 한다.

🎼 그리운 금강산

공연을 한 사이클 끝내고 나면 새로운 노래에 도전하고 싶은 마음이 생긴다. 이번에는 많은 이에게 사랑받는 가곡을 해석과 함께 부르는 방법을 나누고자 한다. 한국 가곡 중에서도 앙코르송으로 출연자들과 관객들이 함께 부르는 대표적인 작품인 〈그리운 금강산〉을 소개한다.

이 곡은 우리 민족의 정서와 그리움을 담아낸 국민 가곡으로 해외 성악가들이 한국을 방문할 때도 자주 선곡하는 곡이다. 올림

픽 체육관에서 플라시도 도밍고가 한
국어로 〈그리운 금강산〉을 정확하게
발음하며 부른 모습은 많은 이들에
게 감동을 주었고 그의 연주는 발음
의 난이도와 감정 표현의 완벽한 조
화를 보여주어 오랫동안 회자되고 있
다. 이처럼 해석과 발음의 정확성이
함께 어우러질 때 청중과의 공감이

극대화된다. 앞으로도 주요 한국 가곡에 대한 해석과 부르는 방법
을 공유하여 한국 가곡이 더 많은 이들에게 사랑받기를 기대한다.

이 곡은 한상억의 시와 최영섭의 곡으로 이루어진 대표적인 한
국 가곡으로 1962년에 초연된 칸타타 《아름다운 내 강산》에 포함
되었다. 이 곡은 한국 전쟁 이후 분단의 아픔과 금강산의 절경에
대한 그리움을 담고 있다. 최영섭 작곡가는 이 곡을 통해 아름답고
도 안타까운 금강산의 이미지를 음악으로 표현했으며, 이후 남북
적십자 회담이 진행되던 시기에 남북 화해 분위기 속에서 널리 불
리게 되었다.

다만 가사의 일부가 민족 화합에 맞지 않다는 의견이 제기되어
'더럽힌 자리'는 '예대로 인가'로 '우리 다 맺힌 원한'은 '우리 다 맺
힌 슬픔'으로 수정되었다. 이러한 변화는 곡이 민족 화합의 상징으
로 자리 잡을 수 있도록 한 것이다.

필자는 구순을 넘기신 최영섭 선생님을 연주 장소까지 모셔 드리

작곡가 최영섭 선생님과 함께

는 기회를 가졌다. 이동 중에 "〈그리운 금강산〉을 어떻게 부르면 좋을까요?"라고 여쭈었더니, 선생님은 "한국 가곡은 시의 의미를 깊이 이해하는 것이 중요하다"라고 조언해 주셨다. 이 노래는 금강산의 절경과 그리움 그리고 분단의 아픔을 담고 있기 때문에 노래에 감정을 가득 담아내는 것이 필수적이라고 하셨다.

2절의 마지막 부분에서는 아쉬움을 더 잘 표현하기 위해 '금강산은 부른다' 뒤에 '아 아'를 덧붙이면 좋다고도 하셨다. 이는 작곡가의 섬세한 의도가 담긴 부분으로 감정의 깊이를 전달하는 데 중요한 요소라 할 수 있다. 이 조언을 통해 한국 가곡을 부를 때 단순히 음정과 리듬을 넘어서 가사의 의미와 정서를 깊이 이해하고 표현하는 것이 얼마나 중요한지를 다시금 느낄 수 있었다.

곡 해석과 연주 전략: 〈그리운 금강산〉

이 곡은 다장조, 4분의 4박자의 못갖춘마디로 시작하며 전체적으로 세도막 형식으로 구성된 곡이다. 보통 빠르기로 연주되며 '그리움에 사무쳐서Moderato cantabile'라는 감정 지시어가 붙어 있어 깊이 있는 감정 표현이 핵심이다. 금강산을 그리워하는 민족적 감정과 자연의 경이로움을 함께 담아내야 하므로 리듬과 감정의 조화가 중요하다.

'누구의 주제런가 맑고 고운산 그리운 만이천봉 말은 없어도'에서 '의'는 '에'로 발음하며 세 박자로 끌리지 않도록 주의한다. 리듬을 정확히 맞추어야 노래의 흐름이 자연스러우며 이 부분은 두 박자로만 유지해 담담하게 표현한 후 자연스럽게 다음 구절로 넘어간다.

원래 가사에는 '주재'로 되어 있었지만 인쇄 오류로 '주제'로 바뀌었다 한다. 따라서 노래할 때는 '주재'로 이해하고 부르는 것이 정확하다. 가사 중 '련가'는 발음상 '런가'로 부르는 것이 자연스럽고 많은 이들이 '그리운만 이천봉'으로 잘못 부르기 쉽지만 올바른 표현은 '그리운 만이천봉'이다. 이 부분은 금강산의 만 이천 개의 봉우리를 나타내므로 정확하게 발음하는 것이 중요하다. '없어도'는 셋잇단음표를 무시하고 '어어업 써어어도'로 천천히 애절하게 부르는 것이 좋다.

'이제야 자유만민 옷깃 여미며 그 이름 다시 부를 우리 금강산'에서는 조국의 아름다운 산을 다시 부를 수 있다는 희망을 담아 점차 감정이 고조되는 모습을 표현한다.

'수수만년 아름다운 산 못가본지 몇몇해, 오늘에야 찾을 날 왔나 금강산은 부른다'는 '수수만년'의 시간 흐름을 아련히 회상하듯 표현하고 금강산에 가지 못한 오랜 세월의 그리움을 한층 깊게 느끼도록 연출한다.

클라이맥스에 이르는 '오늘에야 찾을 날 왔나 금강산은 부른다'

에서는 스타카토를 이용해 힘차고 강렬하게 그리움의 절정과 함께 마무리해야 한다.

　2절 가사는 다음과 같으며 1절과 같은 전략으로 부른다. 마지막에 작곡가 최영섭 선생님 의도대로 '아 아'를 넣어주어도 좋다. '비로봉 그 봉우리 예대로인가 흰 구름 솔바람도 무심히 가나. 발아래 산해만리 보이지마라 우리 다 맺힌 슬픔 풀릴 때까지. 수수만년 아름다운 산 못가본지 몇몇해 오늘에야 찾을 날 왔나 금강산은 부른다.'

🎼 내 맘의 강물

　성악을 배우고 공연하고자 하는 이들에게 특히 테너가 즐겨 부르는 우리 가곡으로 이수인이 작사, 작곡한 〈내 맘의 강물〉이 있다. 신곡이 아무리 감성적이고 음악적으로 완성도가 높더라도 관객들

은 처음 듣는 곡을 쉽게 이해하고 감정에 공감하기 어렵다. 그러나 이 노래는 이미 많은 관객들에게 익숙한 곡으로 가사에 담긴 감성과 자연스럽게 흐르는 리듬이 매우 뛰어나다.

작곡가 이수인 선생은 서라벌예술대학교 음악과에 입학하여 〈가고파〉의 작곡가 김동진 선생의 수제자로서 본격적인 음악 수업을 받았다. 음악 교육에도 열정을 쏟아 마산제일여고에서 한때 음악을 가르쳤으며 이후 30여 년 이상 KBS 어린이 합창단을 지휘하며 교육과 대중화에 큰 기여를 했다.

이수인 선생의 주요 작품으로는 가곡 〈그리움〉박목월 시, 〈고향의 노래〉김재호 시, 〈별〉이병기 시, 〈석굴암〉과 같은 명곡들이 있으며 방송 뮤지컬로는 〈심청전〉이 있다. 동요로는 〈둥글게 둥글게〉, 〈앞으로 앞으로〉, 〈방울꽃〉 등이 널리 사랑받고 있다. 이수인 선생의 음악은 쉽고 아름다운 선율로 대중과 소통하며 한국 가곡과 동요의 발전에 커다란 족적을 남긴 중요한 예술적 유산이다.

곡 해석과 연주 전략: 〈내 맘의 강물〉

이 곡은 내림 가장조와 4/4박자로 이루어져 있으며 조금 느리게 Andantino 부르도록 작곡되어 있다. 못갖춘마디와 여린내기로 시작되는 이 곡은 세도막 형식으로 구성되며 강물처럼 부드럽게 흐르는 피아노 선율이 전체 곡의 흐름을 이끌어준다. 이 노래는 인생의 여정을 강물에 비유하며 감정을 섬세하게 전달하는 것이 중요한 곡이다.

2절에 이르러 절정에 달하는 애절한 클라이맥스와 마지막 부분에서 표현되는 고음의 종결이 인상적이어서 자연스럽게 청중의 박수로 이어지기 좋은 구성이다. 1990년대 초반에 작곡된 이 노래는 1990년대 후반 KBS-FM의 신작 가곡 소개 프로그램을 통해 대중들에게 널리 알려지기 시작했다.

곡의 특징은 강물처럼 흐르는 셋잇단음표 리듬의 반주와 그 위에 얹힌 아름다운 멜로디와 서정적인 노랫말이 조화를 이루며 감상하는 이들에게 따뜻한 감성을 전달하며 이로 인해 새로운 감각의 신작 가곡 중에서도 서정적인 아름다움을 인정받는 곡으로 손꼽히고 있다.

흐르는 강물처럼 부드럽게

'수많은 날은 떠나갔어도 내 맘의 강물 끝없이 흐르네, 그날 그땐 지금은 없어도 내 맘의 강물 끝없이 흐르네.'

이 구절에서는 '수많은 날은 떠나갔어도 내 맘의 강물 끝없이 흐르네'라는 부분을 셋잇단음표로 부드럽게 연결하며 강물이 유유히 흘러가는 듯한 느낌을 살려 표현한다. 이어지는 구절에서 '그날 그땐 지금은 없어도 내 맘의 강물 끝없이 흐르네'라고 반복하며 지나간 시간의 여운을 담아 노래한다. '강물'의 '물' 발음을 명확히 하며 '어' 발음을 사용하는 것이 좋은데 발음을 연습할 때는 '수많은'보다 '수많은'으로 '내 맘의'보다 '내멈의'로 끌어내는 것이 효과적이고 '흐르네'는 위치를 고수해 준다.

인생의 고난과 희망을 담아내며

'새파란 하늘 저 멀리 구름은 두둥실 떠나고, 비바람 모진 된서리 지나간 자욱마다 맘 아파도'

저 멀리 파란 하늘에 구름이 유유히 떠가는 모습을 상상하며 부드럽게 이어간다. 이어지는 '비바람 모진 된서리 지나간 자욱마다 맘 아파도'에서는 고단했던 시간을 애절하게 표현하며 잠깐 호흡을 보충한 후 감정을 담아 부르면 좋다.

밝고 희망찬 감정으로

'알알이 맺힌 고운 진주알 아롱아롱 더욱 빛나네, 그날 그땐 지금은 없어도 내 맘의 강물 끝없이 흐르네'에서는 고통의 시간이 오히려 빛나는 진주알로 변화하는 듯한 밝고 희망찬 감정을 담아 부른다. 이를 통해 청중에게 고난을 이겨낸 아름다운 강물이 계속 흐르는 모습을 선사한다.

더욱 깊어진 감정과 시간의 흐름

'새파란 하늘 저 멀리 구름은 두둥실 떠나고 비바람 모진 된서리 지나간 자욱마다 맘 아파도'

'모진'과 '맘'이라는 단어는 고음을 내며 인생의 고단함과 애절함을 표현해야 한다. 잠시 호흡을 보충해 멈춰 있는 듯한 시간의 무게를 담아내되 감정을 과하게 끌어내지 않도록 주의한다. 본래의 빠르기a tempo로 자연스럽게 이어가며 다음 구절을 부른다. '맘'의 고음을 내기위해서 '자욱마다'의 위치를 올려놓고 호흡을 준비하고 내리면서 부른다.

마지막 '알알이 맺힌 고운 진주알 아롱아롱 더욱 빛나네 그날 그때 지금은 없어도 내 맘의 강물 끝없이 흐르네, 끝없이 흐르네'에서 마지막 '끝없이 흐르네'는 충분한 호흡을 사용해 천천히 부드럽고 여운 있게 마무리한다. 청중에게 깊은 감동을 남기기 위해 소리를 안정적으로 내고 음을 길게 끌어 곡의 여운을 잔잔하게 이어간다. 마무리 순간에는 관객의 박수와 환호가 울리는 무대를 상상하며 자신감 있게 부르는 것이 좋다.

🎼 비목

6월은 호국보훈의 달로 조국을 위해 희생한 이들을 기리는 시기다. 이 시기에 어울리는 대표적인 가곡으로는 〈비목〉이 있다. 울창한 숲과 그리움을 떠올리게 하는 이 노래는 단순한 음악적 감동을 넘어서 전쟁의 비극과 무명용사에 대한 애도를 담고 있는 곡이다.

이 곡은 작곡 발표 이후 성악가 엄정행의 목소리로 널리 알려지며 1970~80년대에는 모임이나 공

연에서 자주 들을 수 있었다. 그때 그는 매주 방송에 출연하며 큰 인기를 끌었고 팬레터가 쌓일 정도로 사랑받았다. 그의 공연은 오늘날의 스타 가수 임영웅과 견줄 만한 인

기를 누렸다. 당시는 성악가의 발성과 음색이 매우 중요했기 때문에 마이크 없이도 청중에게 직접 소리를 전달할 수 있는 능력이 큰 감동을 주었다.

이 노래는 1969년에 한명희가 작사하고 장일남이 작곡한 가곡으로 무명용사의 희생을 담은 감동적인 작품이다. 제목 〈비목碑木〉은 '죽은 자의 신원을 기록해 무덤 앞에 세우는 나무로 된 비석'을 뜻하며 젊은이들의 숭고한 희생을 상징적으로 표현하고 있다.

이 노래의 가사는 한명희가 육군 소위로 DMZ에서 초소장으로 근무하던 시절의 경험에서 탄생했다. 그는 잡초가 우거진 곳에서 무명용사의 녹슨 철모와 돌무덤을 발견하고 동년배 청년이 조국을 위해 쓰러져간 현실을 안타까워하며 가사를 지었다. 이러한 배경은 그 당시 전쟁의 비극과 젊은이들의 희생을 가사에 깊이 담아냈다.

작곡가 장일남은 황해도 해주 출신으로 해주사범대학에서 음악을 전공하고 한국전쟁 이후 남한으로 월남해 음악 교육자와 방송인으로 활동했다. 그는 고등학교와 대학교에서 학생들을 가르쳤으며 라디오와 텔레비전 클래식 방송을 진행하며 한국 가곡과 클래식 음악의 대중화를 위해 힘썼다. 이 과정에서 그는 한명희의 시적 가사에 곡을 붙여 완성했고 이후 이 노래는 고등학교 음악 교과서에 실리며 많은 사람들의 사랑을 받는 국민 가곡이 되었다.

곡 해석과 연주 전략: 〈비목〉

이 곡은 단순한 멜로디 속에 담긴 전쟁의 고통과 그리움을 서정적으로 표현한 곡이다. 풍부한 울림을 통해 고요하면서도 깊은 정서를 전달하기에 바리톤이나 메조 소프라노와 같은 저음의 목소리에 적합하다. 특히 내림 라장조와 4분의 4박자로 구성된 이 곡은 느리게 탄식하듯 부르는 방식이 감정의 깊이를 극대화한다. 곡의 각 소절은 고요한 슬픔과 고독을 표현하는 동시에 전쟁 속에서 희생된 이름 모를 용사의 아픔을 담고 있다.

첫 소절의 표현과 발음의 중요성

첫 소절 '초연히 쓸고 간 깊은 계곡 깊은 계곡 양지 녘에'에서는 전쟁이 지나간 후 숲으로 뒤덮인 고요한 계곡을 떠올리며 부드러운 레가토로 연결해야 한다. '초연히'는 전쟁이 지나간 흔적을 의미하며 이를 탄식하듯 가볍게 시작한다. '양지 녘에'의 발음은 '양지녀케'로 해야 하고 음이 떨어지지 않도록 주의하면서 부드럽게 소리를 이어가는 것이 중요하다. 첫 소절에서 감정을 너무 무겁게 시작하면 곡 전체가 어두워질 위험이 있으므로 고요하지만 담담하게 표현해야 한다.

중반부 감정의 절정

중반부에서는 감정이 점차 고조되며 '비바람 긴 세월로 이름 모를 이름 모를 비목이여' 구절이 등장한다. 이 부분은 한을 품은 깊은 울림으로 첫 번째 '이름 모를'을 애절하게 부르며 두 번째로 반복되는 '이름 모를'에서는 그리움을 덧붙여 표현한다. 이 구절은 오랜 시간 방치된 무명용사의 외로운 죽음을 상징하며 깊은 슬픔과 그리움을 동시에 드러낸다.

고향과 친구에 대한 절절한 그리움

'먼 고향 초동 친구 두고 온 하늘 가' 구절에서는 반 박자를 쉬고 출발하여 고향에 두고 온 친구들에 대한 안타까움을 절절히 담아 부른다. 이때의 표현은 마치 '왜 나만 홀로 남아 이곳에 있는가'라고 절규하는 심정과 닮아 있다. '그리워 마디 마디 이끼 되어 맺혔네'에서는 회한을 담아 부드럽게 풀어내듯 표현하며 발음이 '이끼되여'로 흩어지지 않도록 조심해야 한다. 이 구절에서의 발성은 감정을 한층 끌어올리면서도 차분함을 잃지 않는 것이 핵심이다.

마지막 소절의 고독과 여운

2절로 넘어가면, 첫 번째 절의 감정을 이어받아 더욱 깊어진 슬픔 속에서 평화로운 잠을 기원하며 부른다. '궁노루 산울림 달빛 타고 달빛 타고 흐르는 밤, 홀로선 적막감에 울어지친 울어지친 비목이여' 구절에서는 산속 고요함을 묘사하며 적막한 가운데 홀로 남겨진 비목의 고독을 전달해야 한다. 마지막 '그 옛날 천진스런 추억은 애달퍼 서러움 알알이 돌이 되어 쌓였네' 구절에서는 아련한 슬픔을 여운처럼 남기며 '서러우움'의 박자와 음정을 정확하게 처리하는 것이 중요하다. 마지막 소절은 전체 곡의 클라이맥스를 정리하며 애달픔과 체념의 감정을 담아 고요하게 마무리해야 한다.

🎼 향수

〈향수〉는 친구와 함께 두 사람의 목소리로 부르면 더욱 감동을 주는 가곡으로 특히 테너와 바리톤의 중창 형식이 많은 사랑을 받는다. 이 노래는 공연에서 자주 앙코르 곡으로 불리며 테너와 바리톤의 음색이 교차하며 깊은 감정을 전달한다.

이 곡을 볼 때마다 고故 박인수 선생님에 대한 추억이 떠오른다. 그는 단순한 노래 기교를 넘어 음악으로 마음을 전달하는 법을 가르쳤다. "입을 보고 그대로 따라 부르라"라던 그의 가르침은 고음에서 길잡이가 되어 지금도 생생히 기억에 남아 있다. 박인수 선생님과의 레슨에서 배운 것들은 단순한 가창 기술 이상의 소중한 자산이다.

〈향수〉는 정지용의 시에 작곡가 김희갑이 멜로디를 붙여 탄생한 곡이다. 한국적 정서와 고향에 대한 그리움이 담긴 이 곡은 1980년대 당시 이민자들과 해외 동포들이 느꼈던 고향의 그리움을 담아냈

다. 정지용의 시와 김희갑의 애절한 멜로디는 완벽한 조화를 이루며 사람들의 마음을 사로잡았다.

박인수 선생님은 대중가수와 협업하며 보수적인 성악계에서 비판을 받기도 했지만 음악의 경계를 허

물고 새로운 청중에게 다가가는 데 성공했다. 특히 가수 이동원과 함께한 〈향수〉는 대중들에게 큰 사랑을 받으며 가곡이 대중음악으로 자리 잡을 수 있음을 증명했다. 이 앨범은 성악가와 대중가수가 협업하여 더 넓은 청중에게 다가갈 수 있는 길을 열어주었다.

테너 박인수 선생님과 함께

정지용의 시 〈향수〉는 1927년에 발표된 작품으로 고향과 유년의 추억을 서정적으로 표현한 작품이다. 최초의 음악적 시도는 1930년대 채동선에 의해 이루어졌으나 오늘날 알려진 〈향수〉는 1989년 김희갑에 의해 새롭게 작곡되었다. 대중가수 이동원과 테너 박인수가 듀엣으로 발표하며 큰 인기를 끌었고 전통적인 가곡과 대중가요의 경계를 허물었다.

이 곡은 대중가요에 속하지만 '가곡 100선'에도 선정되며 정지용의 시와 서정적인 멜로디 덕분에 시간이 흐르며 가곡으로 자리 잡았다. 대중적 감상과 클래식 연주회를 아우르는 이 곡은 국민들에게 사랑받는 가곡으로 기억되고 있다.

곡 해석과 연주 전략: 〈향수〉

바장조, 4분의 4박자인 이 노래는 고향과 유년 시절에 대한 향수를 불러일으키는 가사와 선율이 특징이다. 테너와 바리톤이 함께 부를 때 고향에 대한 그리움을 더욱 풍부하게 표현할 수 있다.

바리톤

'넓은 벌 동쪽 끝으로 옛 이야기 지줄대는 실개천이 휘돌아 나가고 얼룩배기 황소가 해설피 금빛 게으른 울음을 우는 곳 그곳이 차마 꿈엔들 잊힐리야. 음~음.'

이 부분은 고향의 넓은 벌판과 실개천의 모습을 그려내며 시작된다. 바리톤은 목소리를 부드럽게 풀어내며 노래의 시작점을 자연스럽게 이끌어야 한다. 특히 '휘돌아 나가고'의 음절을 하나하나 강조하여 마치 물길이 휘어지는 장면을 상상하게 한다.

테너

'질화로에 재가 식어지면 비인 밭에 밤바람 소리 말을 달리고 엷은 졸음에 겨운 늙으신 아버지가 짚베개를 돋아 고이시는 곳'

이 부분은 밤바람이 불어오는 고요한 농촌의 밤을 그리며 테너는 고음을 안정감 있게 유지한다. 이때 감정을 서서히 끌어올려 노래의 흐름을 이어 나가야 한다.

테너와 바리톤

'그곳이 차마 꿈엔들 잊힐리야'에 잠깐 화음을 맞추고, '흙에서 자란 내 마음'을 바리톤이 부르면 이어서 테너가 '내 마음'을 부르고, 바리톤이 '파란 하늘빛이 그리워' 부르면 '음 그리워'를 테너가 이어서 부르고 계속 테너가 '함부로 쏜 화살을 찾으러 풀섶 이슬에 함추름 휘적시던 곳'까지 부르고 화음으로 이어간다. 바리톤이 희망과 그리움을 담아 노래하며 테너가 이를 받아 함께 중첩된 감정을 전달한다. 목소리가 하늘과 땅의 대비를 표현할 수 있도록 음색의 차이를 분명히 해야 한다.

중창

'그곳이 차마 꿈엔들 잊힐리야, 전설 바다에 춤추는 밤물결 같은 검은 귀밑머리 날리는 어린 누이와 아무렇지도 않고, 예쁠 것도 없는 사철 발 벗은 아내가 따가운 햇살을 등에 지고 이삭 줍던 곳, 그곳이 차마 꿈엔들 잊힐리야. 우우.'

이 부분은 화음을 맞추고 서로 음의 크기를 배려해 가면서 부른다.

테너와 바리톤

바리톤이 '하늘에는 성근 별 알 수 없는 모래성으로 발을 옮기고' 이어서 테너가 '서리 까마귀 우지짖고 지나가는 초라한 지붕 흐릿한 불빛에 돌아앉아 도란도란 거리는 곳'을 부른다.

바리톤은 삶의 소박함을 담담하게 노래해야 하며 감정이 과하지 않도록 깊이 있는 울림을 전달해야 한다.

'그곳이 차마, 꿈엔들, 꿈엔들, 꿈엔들, 꿈엔들 잊힐리야.'

이 마지막 부분은 고향에 대한 마지막 회한과 그리움을 절절하게 담아낸다. '그곳이 차마'는 같이 부르고 이어서 바리톤과 테너가 번갈아 가며 '꿈엔들'을 부르며 '잊힐리야'는 같이 최고의 감정적 절정을 이루며 목소리로 고향의 소리를 그려내듯 부른다. 마지막에는 목소리에 여운을 담아 청중의 마음에 깊은 감동을 남긴다.

사랑과 이별의 감정

🎼 첫사랑

성악 오페라 최고위과정 입학식에서 새로운 인사말의 형태로 노래를 활용해 첫 만남의 설렘을 표현하곤 한다. 입학식에서는 '그대를 처음 본 순간이여 설레는 내 마음에 빛을 담았네'로 시작하는 〈첫사랑〉의 첫 소절을 직접 불러 신입생들을 환영하며 노래로 환영사를 대신하는 특별한 경험을 제공한다. 이러한 새로운 시도는 첫 만남의 떨림과 환희를 더 진하게 느끼게 해 주는 동시에 음악을 통한 진정성 있는 인사를 건네는 독특한 방식이다.

이 노래는 밸런타인데이를 기념해 예술의 전당에서 열린 《연애의 정석》가곡 콘서트에서 사랑의 시작을 알리는 첫 곡으로 공연되었다. 가요에서는 사랑에 대한 다양한 노래들이 존재하지만 가곡

에서는 상대적으로 사랑을 주제로 한 곡들이 드물기 때문에 일반 대중에게 가곡이 친숙하게 다가가는 데 어려움이 있었다. 〈첫사랑〉은 청순한 이미지의 소프라노 김순영이 불러 대중의 공감과 호응을 불러일으

킨 특별한 곡이다.

이 곡은 사랑을 시작하기 위한 고백
송으로도 적합하여 더 많은 사람들이
이 곡을 통해 자신의 마음을 표현하
기를 기대한다. 첫 만남의 설렘을 담
아 사랑의 시작을 알리는 노래로 자
리 잡는다면 가곡의 매력을 더 많은
이들에게 전파하는 계기가 될 수 있
을 것이다.

벨라비타 월요 음악회에서 소프라노 김순영

이 곡은 김효근이 직접 작사, 작곡한 아트팝 가곡으로 1985년 자
신의 아내에게 프러포즈하기 위해 만든 헌정곡이다. 김효근은 학
창 시절부터 음악을 하고 싶었으나 부모의 반대로 경제학과에 진
학했으며 이후 유학을 다녀와 이화여대 경영학과 교수로 재직하면
서도 음악에 대한 열정을 놓지 않았다. 그는 10집의 작곡집을 발표
하며 꾸준히 음악 활동을 이어왔고 예술성과 대중성을 모두 아우
르는 새로운 형태의 가곡을 '아트팝'이라 정의하며 작곡과 다양한
행사에 매진하고 있다.

김효근은 가곡과 일상적인 대중성의 경계를 허물며 특별한 음악
세계를 구축해 왔다. 그의 대표곡으로는 온 국민을 세월호의 아픔
에서 위로했던 추모곡 〈내 영혼 바람되어〉, 40년간 겨울을 대표해
온 노래 〈눈〉, 그리고 푸시킨의 시에 곡을 붙여 코로나 극복을 위한
희망을 전하는 〈삶이 그대를 속일지라도〉가 있다. 이처럼 그의 작

품들은 시대적 아픔과 희망, 사랑을 주제로 깊이 있는 예술성을 지니며 대중에게도 폭넓은 사랑을 받고 있다.

곡 해석과 연주 전략: 〈첫사랑〉

이 곡은 내림 라장조, 8분의 12박자로 구성된 곡으로 음정과 박자를 정확히 맞추는 것만큼이나 깊은 호흡과 감정 표현이 중요한 노래다. 첫 소절부터 사랑의 설렘과 진심을 담아 표현하는 것이 핵심이며 각 소절마다 감정의 흐름에 맞춰 섬세한 표현을 해야 한다.

1절: 설레는 첫 만남과 애타는 마음

'그대를 처음 본 순간이여 설레는 내 마음에 빛을 담았네, 말 못해 애타는 시간이여 나 홀로 저민다.'

사랑하는 사람을 눈앞에 둔 애절한 감정을 담아 부르는 것이 중요하다. 첫 단어 '그'는 진심 어린 사랑을 담아내야 하며 셋잇단음의 '순'을 부드럽게 강조하여 설렘의 깊이를 전달한다. 이어지는 '말 못해 애타는 시간이여'에서는 '시'를 또렷하게 강조해 표현되지 못한 사랑의 답답함과 고뇌를 담는다. '저민다' 부분의 '저'는 저음이지만 깊이 있는 마음의 고통을 드러내도록 부드러우면서도 힘있게 표현해야 한다.

'그 눈길 마주친 순간이여 내 마음 알릴세라 눈길 돌리네, 그대와 함께한 시간이여 나 홀로 벅차다.'

사랑하는 마음을 들키지 않으려 눈길을 돌리는 순간의 감정을 담아내야 한다. 그대와의 짧은 만남 속에서 혼자 애타는 마음을 강조하며 벅찬 감정을 길게 끌어 부른다. 숨을 고르고 감정의 여운을 살려 부르면 곡의 흐름에 자연스러움이 더해진다.

'내 영혼이여 간절히 기도해 온 세상이여 날 위해 노래해, 언제나 그대에게 내 마음 전할까 오늘도 그대만 생각하며 산다.'

이 부분에서는 사랑의 시작이 세상의 축복처럼 느껴지는 기쁨과 환희를 표현한다. '산다'는 길게 끌어 부드럽게 풀어주며 온 마음을 다해 사랑의 의미를 표현해야 한다. 이는 삶 전체가 사랑으로 충만해지는 순간을 상징하는 구절이다.

2절: 사랑이 시작되는 기쁨과 영원함의 소망

'그 마음 열리던 순간이여 떨리는 내 입술에 봄을 담았네.'

사랑이 드디어 시작된 기쁨과 고마움을 담아 첫 단어 '그'와 '순'을 강조하며 표현한다. 이는 사랑의 기쁨이 봄의 따스함과 새로움으로 다가오는 순간을 상징하며 희망과 설렘이 가득 찬 음색을 유지하는 것이 중요하다.

'그토록 짧았던 시간이여 영원히 멈추라.'

사랑이 영원히 지속되기를 바라는 열망과 소망을 표현하는 부분이다. '멈추라'는 격정적이고 강렬하게 부르며 사랑이 시간과 공간을 초월하는 순간을 상징적으로 드러내야 한다.

'내 영혼이여 즐거이 노래해 온 세상이여 우리를 축복해, 내 마음 빛이 되어 그대를 비추라 오늘도 그대만 생각하며 산다.'

가장 아름다운 시적 표현으로 온몸으로 사랑의 의지를 드러내야 한다. 내 마음이 빛이 되어 그대를 비춘다는 의미를 담아 부드러우면서도 힘 있는 음색으로 감정을 표현한다. '내 영혼이여'를 힘차게 내주고 마지막 '살다'는 길게 끌어내며 사랑의 충만함과 여운을 남긴다.

마무리: 첫사랑의 진정성을 담은 피날레
'첫사랑'

이제까지의 감정을 모두 모아 마지막에 '첫사랑'이라는 단어로 마무리한다. 이 부분에서는 진정한 사랑의 고백과 시작을 표현하며 이 사랑이 나의 인생에서 가장 순수하고 의미 있는 첫사랑임을 드러내며 천천히 애절하게 부른다.

🎼 마중

작은 모임에서 노래를 부를 일이 있으면 가곡 〈마중〉을 선택한다. 이 곡은 시를 낭송하듯 가사를 음미하며 부르는 것이 좋다. 첫 소절인 '사랑이 너무 멀어 올 수 없다면 내가 갈게'와 마지막 소절 '내가 먼저 달려가 꽃으로 서 있을게'는 듣기만 해도 그림 같은 장면이 그려진다. 이 노래를 듣는 사람들은 가사의 아름다움에 감탄하곤 한다.

이 곡은 허림의 시와 윤학준의 곡으로 만들어졌으며 2014년 강원도 화천 비목 콩쿠르 창작 가곡 부문에서 1위를 차지한 작품이다.

이 곡은 최근 JTBC 〈팬텀싱어〉에서 여러 가수들이 불러 다시 주목받으며 대중에게 깊은 사랑을 받고 있다. 기다림의 설렘과 따뜻한 사랑을 담아낸 이 곡은 단순한 멜로디를 넘어 삶의 감정과 진솔한 정서를 품고 있어 청중에게 깊은 감동을 준다.

작사가 허림은 강원도 홍천 출신으로 1988년 《강원일보》 신춘문예에 시 〈제3병동〉이 당선되며 등단했다. 이후 1992년 《심상》 신인 작품상에 시 〈강문바다〉 외 4편이 당선되며 본격적인 작품 활동을 이어갔다. 그의 작품 세계는 일상 속에서 느끼는 감정과 삶의 경험을 섬세하게 그려내는 것으로 평가받는다. 〈마중〉 또한 단순한 기다림이 아닌 그 안에 담긴 사랑과 헌신을 따뜻하게 담아내며 많은 이들에게 깊은 울림을 주고 있다.

윤학준은 창작 동요, 교가, 가곡, 합창곡 등 다양한 음악 장르에서 활발히 활동해 온 작곡가다. 그는 월드비전 선명회 어린이 합창단의 상임 작곡가로 오랫동안 재직하며 어린이들을 위한 음악 보급에 앞장섰다. 음악 교육에 대한 관심도 커 청주에서 교육감으로 일하며 예술 교육과 행정에서 두각을 나타냈다. 윤학준의 음악은 단순하고 진정성 있는 멜로디로 누구나 쉽게 공감할 수 있는 따뜻한 감성을 담고 있다. 〈잔향〉 그리고 〈나 하나 꽃 피어〉도 인기가

벨라비타 수업에서 〈마중〉을 레슨하고 있는 지도교수 작곡가 윤학준

오르고 있다.

바리톤 송기창 교수는 〈마중〉을 그의 독특한 해석으로 대중에게 널리 알렸다. 그러나 그의 노래가 성악곡을 가요처럼 부른다는 평을 듣기도 했다. 이는 성악의 전통적인 발성에서 벗어나 가곡의 감정을 부드럽게 표현하려는 시도가 기존 클래식 음악계에서는 이질적으로 받아 들여졌기 때문이다. 그러나 작곡가 윤학준은 벨라비타 수업 과정에서 오히려 이 곡을 가요처럼 부드럽게 부르는 것이 맞다고 강조하고 이 곡을 부를 때 "사랑했던 여인에 대한 아련한 그리움을 잔잔하게 표현해야 한다"라고 이야기하였다.

곡 해석과 연주 전략: 〈마중〉

이 곡은 시작부터 기다림과 설렘의 감정을 섬세하게 표현해야 한다. 이 곡은 4분의 4박자, 바장조로 진행되며 전주부터 기다리는 장면을 묘사하고 애틋함과 그리움을 나타내며 연주자에게 곡의 시작부터 세심한 감정 조절을 요구한다. 마음속 설렘과 아련한 감정이 자연스레 흘러나오도록 연주하는 것이 필요하다.

'사랑이 너무 멀어 올 수 없다면 내가 갈게.'

'사랑이'라는 단어는 단순히 음정을 따라 위로 올리기보다 멀리 있는 누군가를 그리워하는 마음을 담아 아련하게 시작하는 것이 좋다. 이 가사의 받침과 조사는 한국 가곡에서 감정의 섬세함을 전달하는 중요한 요소다. 예를 들어 '멀어'에서는 '어'를 길게 빼어 멀리 떨어져 있는 거리감을 드러내야 한다. 이렇게 하면 청중에게도 노래 속의 기다림과 그리움이 그대로 전해진다. 그리고 '없다면'은 빨리 해주고 '내가'는 여유 있게 부른다.

'말 한마디 그리운 저녁 얼굴 마주하고 앉아 그대 꿈 가만 가만 들어주고 내 사랑 들려주며 그립다는 것은 오래 전 잃어버린 향기가 아닐까'에서는 떨어져 외롭게 지낸 시기를 떠올리며 부를 수 있다. 이 부분은 따뜻한 목소리와 애절한 감정으로 불러 사람들 간의 거리와 소통의 소중함을 느끼게 하는 순간이다. 부드럽고 진중하게 노래하면 청중은 곡 속에 깃든 그리움과 애틋함을 자연스레 공감하게 된다.

'사는 게 무언지 하무뭇하니 그리워지는 날에는'

이 노래의 유일한 포르테 부분인 '사는 게 무언지 하무뭇하니 그리워지는 날에는'에서 인생의 깊이를 강하게 터뜨리듯 표현해야 한다. 특히 잘 만나기 힘든 단어인 '하무뭇하니'가 등장하는데 사전적으로 '흡족하게'라는 의미지만 여기서는 평온과 여유가 생겨 옛 추억을 그리워할 수 있는 상태를 의미한다. 이 구절에서는 잔잔한 감정 속에 담긴 만족과 여유를 담아 부르는 것이 좋다.

'그대여 내가 먼저 달려가 꽃으로 서 있을게.'

보고 싶은 마음에 성급히 다가가려는 긴장감을 드러낸다. 이 구절에서는 약간 더 빠르고 힘 있는 톤으로 표현하면 좋다. 이어지는 마지막 소절 '꽃으로 서 있을게'는 이 곡의 가장 아름다운 시적 표현으로 기다림과 헌신의 상징적 표현이다. 언제나 너를 기다리겠다는 메시지를 담아 청중에게도 감동적으로 전해져야 한다.

2절의 마지막 구절 '꽃으로 서 있을게'는 잔잔하고 여운 있는 톤으로 부드럽게 마무리하는 것이 중요하다.

🎼 님이 오시는지

코로나 상황이 지속되었지만 가을은 모든 것을 달라지게 하며 예전의 일상으로 돌아갈 것이라는 기대와 희망을 품게 했다. 이와 같은 시기에 어울리는 편안하고 서정적이면서도 그리움을 잘 표현해 주는 아름다운 가을 노래로 〈님이 오시는지〉를 소개하고자 한다. 이 곡은 마치 단아한 여인이 손을 곱게 모으고 옛님을 그리며 부르는 모습이 떠오르게 한다.

이 곡은 필자가 운영하는 성악 오페라 최고위과정의 졸업공연에서도 종종 추천하는 노래이다. 가곡을 처음 배우는 여성 원우들에

벨라비타 수업에서 〈님이 오시는지〉를 가르치는 지도교수 소프라노 배성희

게 권유하는 이유는 노랫말과 멜로디가 한국 여인의 정서와 잘 어울려져 있기 때문이다. 이 노래는 누구나 공감할 수 있는 내용과 아름다운 선율을 지니고 있어 부르는 사람과 듣는 사람 모두에게 감동을 선사한다. 가을의 서정적 분위기 속에서 그리운 사람을 떠올리게 하는 애틋함이 담긴 이 곡은 단순한 멜로디를 넘어선 깊은 감성을 전해준다.

이 노래의 매력은 부드럽고 자연스러운 멜로디와 섬세한 감정 표현에 있다. 특히 초심자들도 멜로디를 따라 부르다 보면 점점 곡에 몰입하게 되며 자연스럽게 자신의 감정을 담아내게 된다. 가을의 서정적 정취와 아련한 감정을 표현하기에 더할 나위 없는 이 곡은 저마다의 추억을 떠올리게 하며 감정의 여운을 남긴다.

〈님이 오시는지〉는 1966년 KBS 합창단에서 편곡 업무를 맡고 있던 작곡가 김규환 선생이 얽힌 일화와 함께 더욱 의미 있게 다가온다. 당시 KBS 합창단의 한 지휘자가 이흥렬이 작곡한 곡을 가져와 마음에 들지 않는다며 불만을 표출하고 악보를 내팽개쳤다고 한다. 이 장면을 목격한 김규환 선생은 내버려진 악보를 몰래 가져가 원곡의 멜로디에는 큰 감흥을 느끼지 못했지만 가사에 감동을 받아 새롭게 작업하기로 결심했다. 이 일화는 단순한 편곡을 넘어 창작자가 기존 예술을 어떻게 재해석하고 새로운 생명력을 부여할 수 있는지를 보여주는 사례로 남아 있다. 김규환 선생이 재해석한 〈님이 오시는지〉는 단순한 편곡이 아닌 그의 감수성과 창의성이 깃든 예술 작품으로서 듣는 이들에게 깊은 감동과 여운을 전하는 한국 가곡의 중요한 작품으로 자리 잡게 되었다.

곡 해석과 연주 전략: 〈님이 오시는지〉

이 곡은 사장조, 4분의 4박자의 모데라토 템포로 진행되며 차분한 듯하지만 그 안에 간절한 그리움을 담고 있다. 정서는 순수한 기다림과 애틋한 사랑을 그리고 있으며 시작부터 곡 전체를 아우르는 서정적인 표현이 요구된다. 노랫말을 반복적으로 음미하며 이미지를 상상할수록 각 단어에 숨겨진 기다림과 사랑의 깊이가 느껴진다. 곡의 전반적인 흐름은 단조로운 듯하지만 도약적 선율과 반복되는 리듬은 기다림 속의 점진적인 감정을 전달하며 마치 오래된 이야기처럼 잔잔하고 애절한 감동을 준다.

이 곡에서 발음의 명확성은 특히 중요한데 한국어의 미묘한 음하나하나가 곡의 정서를 결정하기 때문이다. 예를 들어 '님' 대신 '임'으로 발음하면 곡의 주제와 감정 전달이 왜곡될 수 있다. '물망초'에서 받침 'ㄹ' 발음을 정확히 구사하여 단어의 선명도를 높이고 '물'의 모음을 살짝 늘여 '물망초'의 여운을 강조하면 곡의 잔잔한 그리움이 더 잘 살아난다. 'ㅜ' 발음을 입술을 적당히 모아 발음하며 공명을 이끌어내는 것이 감정 표현에 큰 도움이 되며 곡의 흐름을 자연스럽게 하고 기다림의 애절함과 애틋한 마음이 더 깊이 청중에게 전달될 수 있게 한다.

첫 번째 절의 감정과 해석

첫 소절 '물망초 꿈꾸는 강가를 돌아 달빛 먼 길 님이 오시는가'에서는 기다림에 대한 설렘과 기대가 담겨 있다. 첫 단어 '물망초'는 짧고 단정하게 발음하기보다는 길게 끌어 멀리서 님을 그리워하는 마음을 아련하게 전달해야 한다. 이때 '달빛 먼 길'에서 모음 발음을 부드럽게 길게 유지하여 먼 길을 돌아오는 님의 발걸음을 시각적으로 표현할 수 있다.

'갈 숲에 이는 바람 그대 발자췰까 흐르는 물소리 님의 노래인가' 구절에서는 자연 속의 소리들이 님의 발걸음으로 느껴지는 듯한 순간을 표현한다. '갈'과 '숲'의 발음을 또렷하게 처리하며 듣는 이로 하여금 바람과 물소리를 통해 님을 상상하게 해야 한다. 이 구절에서는 소리가 과도하게 커지지 않도록 조심하며 부드럽게 연결하여 청중이 님의 모습을 자연스럽게 떠올릴 수 있도록 돕는 것이 중요하다.

'내 맘은 외로워 한없이 떠돌고 새벽이 오려는지 바람만 차오네'에서는 고요한 기다림 속 깊은 고독이 절정을 이룬다. 님이 오지 않아 떠도는 외로운 마음을 애절하게 표현하며 님을 그리워하는 아픔을 생생하게 전달할 수 있도록 고음을 충분히 준비해 길게 끌어 준다. 이때 감정이 지나치게 억제되지 않도록 주의하고 호흡을 조절해 감정의 여운을 끝까지 유지한다.

두 번째 절의 감정과 해석

두 번째 절은 기다림의 감정이 더욱 깊어지며 님과의 만남에 대한 기대가 한층 고조된다.

'백합화 꿈꾸는 강가를 돌아 달빛 먼 길 내 님이 오시는가'에서 백합화와 달빛의 이미지를 상상하며 희망과 설렘이 가득 찬 느낌을 담아야 한다. 이때 '내 님이' 부분은 발음을 길게 끌어 청중에게 님이 다가오는 기쁨과 기대를 전달한다.

'풀물에 배인 치마 끌고 오는 소리 꽃향기 헤치고 님이 오시는가'에서는 청각적, 후각적 이미지를 최대한 살려 표현한다. 풀냄새와 꽃향기 속에서 다가오는 님의 모습을 떠올리며 노래해야 하며 소리 하나하나에 기다림의 간절함과 기쁨을 담아야 한다.

'내 맘은 떨리어 끝없이 헤매고 새벽이 오려는지 바람이 이네, 바람이 이네' 구절에서는 감정이 고조되면서도 불안함과 떨림이 뒤섞인다. 마지막 부분 '바람이 이네'는 소리 위치를 길게 유지해 여운을 주면서 끝마쳐야 한다. 이때 잔잔한 호흡을 통해 님을 기다리는 간절함을 남기고 곡을 서서히 마무리하며 아련한 여운을 남기는 것이 중요하다.

🎼 동심초

《굿모닝 가곡》이라는 공연에서 소프라노 강혜정이 부른 〈동심초〉는 깊고 애절한 감정을 섬세하게 표현해 청중의 마음에 강렬한 인상을 남겼다. 그녀의 노래는 슬픔과 기다림의 감정을 자유자재로 조절해 마치 한 편의 서정시를 듣는 몰입감을 선사했고 그날의 무대는 곡이 주는 여운을 오랫동안 남겨 주었다. 이 곡은 듣는 이의 감성을 자극하며 단순한 감상 이상으로 직접 부르고 싶은 열망을 불러일으킨다.

이 곡은 1945년에 김성태가 작곡한 곡으로 중국 당나라 여류 시인 설도의 시 〈춘망사春望詞〉의 세 번째 절을 김억이 번역해 가사로 사용했다. 이 곡에는 1200년의 세월을 거슬러 전해지는 이루어질 수 없는 사랑의 이야기가 담겨 있어 더욱 애달프다. 시인 설도는 젊은 천재 시인 원진에게 마음을 빼앗겼으나 그 사랑은 이루어지지 않았고 설도는 자신의 애틋한 감정을 시로 남겼다. 그 원문인 '풍화일장

벨라비타 월요 음악회에서 부르는 〈동심초〉

로 風花日將老 / 가기유묘묘 佳期猶渺渺 / 불결동심인 不結同心人 /
공결동심초 空結同心草'는 '꽃잎은 하염없이 바람에 지고, 만날 날
은 아득하여 기약이 없네. 맘과 맘은 맺지 못하고 한갓되이 풀잎만
맺으려는가'로 번역되었다. 이 구절에서 '동심초同心草'는 사랑하는
이와 마음이 하나로 맺어지기를 바라지만 결국 이루지 못한 염원
을 상징하며 헛된 바람에 비유된다.

　김성태는 한국 음악사에서 중요한 위치를 차지하는 작곡가로
1910년 서울에서 태어나 경신중학교와 연희전문학교를 거쳐 미국
인디애나주립대 음대에서 유학하며 음악적 역량을 키웠다. 서울대
학교 음대 학장으로도 재직하며 한국 음악계의 발전에 기여했으며
가곡 〈못잊어〉, 〈한 송이 흰 백합화〉, 〈이별의 노래〉와 동요 〈잘 자
라 우리 아가〉 등의 작품을 남겼다. 그의 곡은 서정적이며 한국적
인 감성이 잘 살아있어 많은 이들에게 사랑받고 있다.

시인 김억은 평안북도 출신으로 김소월의 스승이기도 하다. 그는 한국 문학사에서 근대시의 지평을 열었고 한국 자유시의 기틀을 마련한 인물로 평가된다. 〈동심초〉는 그의 번역 시에 김성태의 곡이 더해져 문학과 음악이 조화를 이루며 탄생한 작품으로 한국 가곡의 걸작이 되었다.

곡 해석과 연주 전략: 〈동심초〉

이 곡은 바단조와 8분의 6박자로 구성된 곡으로 애절한 사랑의 정서를 품고 부르는 곡이다. 이 곡의 전주는 설도와 원진의 애절한 만남과 이별이 그려지며 마지막 두 마디는 곡에 담긴 애틋한 감정을 한층 더 끌어올려 노래를 시작할 준비를 하게 만든다.

곡 전체에 흐르는 정서는 고요한 슬픔과 아련한 그리움이며 차분한 흐름 속에서 사랑과 이별의 감정을 격정적이면서도 절제 있게 담아내는 것이 중요하다. 이 곡은 서정적인 멜로디와 간결한 화성 진행이 특징으로 감정을 절제하면서도 여운을 주는 표현이 필요하다.

첫 소절인 '꽃잎은 하염없이 바람에 지고'는 첫 네 박자를 지나치게 과장하지 않도록 조심해야 한다. 이 구절에서 너무 깊은 감정을 주면 곡이 지나치게 무거워질 수 있기 때문에 담담하면서도 부드러운 감정으로 시작하는 것이 좋다. '하염없이' 부분에서는 약간 밝은 톤을 유지하며 절망과 슬픔 속에서도 은은한 희망과 미련이 남아 있는 느낌을 잔잔하게 전달해야 한다. 이로써 곡의 첫 소절에서부터 기다림과 그리움이 자연스럽게 스며들도록 해야 한다.

이어지는 '만날 날은 아득타 기약이 없네'는 애틋한 기다림을 노래하며 '은' 음절을 길게 끌어 깊은 여운을 남겨야 한다. 이 구절에서 각 음절을 부드럽게 이어가면서 곡의 자연스러운 흐름을 해치지 않도록 하며 아득한 기약 속에서도 희미하게 남은 기대를 표현하는 것이 중요하다. 이때 멀리 있는 연인을 그리는 듯한 서정적이고 아련한 느낌을 주어 듣는 이로 하여금 깊은 공감을 자아낼 수 있도록 한다.

'무어라 맘과 맘은 맺지 못하고 한갓되이 풀잎만 맺으려는 고, 한갓되이 풀잎만 맺으려는 고'에서는 감정을 고조시키며 클라이맥스로 이끌어간다. 애틋하고 깊은 그리움을 담아 마지막 '고'에서는 소리를 길게 끌어주면서 감정을 완벽히 표현해야 한다. 이 부분에서는 숨과 소리가 밀고 당기는 긴장감이 필요하며 마치 멀리 떠나간 이와의 거리를 좁힐 수 없다는 안타까움이 스며 나와야 한다.

'바람에 꽃이 지니 세월 덧없고 만날 날은 뜬 구름 기약이 없네'에서는 흐르는 시간 속에서 느끼는 허무와 그리움을 더욱 섬세하게 담아낸다. 첫 소절보다 차분하게 그러나 감정의 깊이를 잃지 않고 담담히 부르며 이별의 아픔을 내면화하여 전달한다. 이 부분은 기다림과 체념 그리고 여운의 감정을 담아내 청중에게 아련함을 남기며 이어지는 절정으로 이끈다.

마지막 소절에서 다시 한번 클라이맥스로 돌아오며 '무어라 맘과 맘은 맺지 못하고 한갓되이 풀잎만 맺으려는 고, 한갓되이 풀잎만 맺으려는 고'에서는 한층 더 고조된 감정을 담아 애달픈 마무리를 짓는다. '맺으려는'에서 절절한 애수를 끌어내듯 깊이 있게 부르며 마지막 '고'에서는 감정을 완벽히 끌어올려 소리와 호흡을 안정적으로 마무리한다. 이렇게 여운이 남는 마무리는 청중에게 깊은 울림을 전하며, 곡의 서정성을 완성하는 순간이 된다.

자연을 노래함

🎼 강 건너 봄이 오듯

몇 년 전 소프라노 강혜정이 방송에서 〈강 건너 봄이 오듯〉을 부르는 모습을 보고 깊이 감동했던 기억이 있다. 그녀는 고음에서도 살짝 미소를 띠며 자연스럽고 편안하게 소리를 내었고 그 모습이 무척 인상적이었다. 그 아름다운 연주에 매료되어 영상 속 그녀의 소리를 수없이 반복해서 들었던 그때의 감동이 아직도 생생하게 남아 있다.

이 노래는 추운 겨울 끝자락에 다가올 봄을 기다리는 마음을 담은 곡으로 여성 소프라노들이 특히 애창하는 한국 가곡 중 하나이다. 겨울의 끝에서 봄을 맞이하는 기다림과 설렘 그리고 소망이 노래 속에 고스란히 담겨 있어 여성의 부드럽고 섬세한 음색으로 감정을 더욱 효과적으로 전달할 수 있다. 이 곡을 연습하며 불러보았지만 곡에 담긴 감정을 충분히 소화하며 흘러가는 선율을 자연스럽게 표현하기가 쉽지 않았다.

이 곡은 단순히 계절이 바뀌기를 기다리는 마음을 노래하는 것을 넘어 삶에서 어려움을 이겨내고 희망과 기대감으로 새로운 시작을 꿈꾸는 마음을 담아 불러야 한다. 이러한 마음가짐으로 곡의 감정을 이해하게 되니 노래 속에 담긴 희망과 기대감이 더욱 깊이 다가왔고 가사의 의미가 한층 선명하게 다가왔다.

이 곡의 가사는 원래 〈소식〉이라는 제목을 가진 송길자 시인의 사설시조에서 비롯되었다. 송 시인은 평범한 가정주부로 살아오다 1982년에 문단에 데뷔하면서 활발하게 활동을 시작했고 이 작품은 그녀의 대표작 중 하나로 손꼽힌다. KBS로부터 새로운 가곡 가사를 의뢰받은 송길자는 1990년에 출간한 자신의 시집에 수록된 〈소식〉을 가사로 다듬어 제출하며 이 곡이 가곡으로 탄생할 기회를 얻게 했다.

이 시에 곡을 붙인 사람은 작곡가 임긍수이다. 임긍수는 서울대학교 음대를 졸업한 뒤 음악 교육에 헌신하던 중, 그의 작품인 〈그대 창밖에서〉가 테너 박인수에 의해 KBS에서 연주되며 큰 주목을 받았다. 이 계기로 KBS 전속 작곡가로 활동하게 된 그는 송길자의 시를 가곡으로 완성할 때 시인의 감정과 정서를 충분히 살리기 위해 직접 그녀와 상의하며 곡을 구성했다. 시와 곡이 유려하게 조화를 이룬 이 작품은 이후 소프라노 조수미가 부르며 대중에게 널리 알려졌고 사랑받는 한국 가곡으로 자리 잡게 되었다.

곡 해석과 연주 전략: 〈강 건너 봄이 오듯〉

〈강 건너 봄이 오듯〉은 내림 라장조와 4/4박자로 이루어진 곡으로 느리게Andante 연주하여 겨울 끝자락에 다가오는 봄의 기운과 설렘을 표현하는 작품이다. 이 곡은 세도막 형식A(a + a') + B(b + b') + A'(a + a')으로 이루어져 있으며 자연과 봄을 기다리는 마음을 섬세하게 표현하는 감정 조절이 무엇보다 중요하다. 봄이 성큼 다가오는 모습을 그리며 봄이 주는 희망과 기대감이 청중에게 전달되도록 해야 한다.

이 곡은 시와 음악이 완벽히 어우러진 한국 가곡의 대표작으로 단순히 노래하는 기술을 넘어 감정과 정서를 자연스럽게 표현하는 연주가 필수적인 작품이다. 곡에 담긴 섬세한 감정과 희망을 표현하기 위해 연주자에게는 깊이 있는 해석과 진정성이 요구된다. 오늘날까지도 삶의 고난을 넘어 희망을 노래하는 상징적인 곡으로 사랑받고 있는 이 작품은 한국 가곡의 아름다움과 매력을 세계에 알리는 데 중요한 역할을 하고 있다.

가사의 첫 소절인 '앞 강에 살얼음은 언제나 풀릴꺼나'는 메조 피아노mp로 부드럽고 잔잔하게 시작한다. 이 구절에서는 강에 남은 겨울의 차가움을 담고 있지만 곧 봄이 찾아와 얼음이 녹을 것을 기대하는 설렘을 잔잔히 표현하는 것이 중요하다.

이어지는 '짐 실은 배가 저만큼 새벽안개 헤쳐왔네'에서는 메조 포르테mf로 조금 더 힘을 실어 불러준다. 안개를 헤치며 천천히 다가오는 배는 겨울을 지나 봄이 다가오는 모습을 상징하며 '저만큼'에서는 멀리서 다가오는 느낌을 살려 '만'음을 살짝 내려주고 '새벽안개'는 한층 더 올려서 계단 올라가듯 불러준다.

'연분홍 꽃다발 한 아름 안고서'는 설레는 마음을 담아 조금 더 빠르게 부른다. 다가오는 봄이 가져다줄 연분홍 꽃들과 새싹들이 한 아름 피어나는 모습을 상상하며 '꽃다발'의 화사함을 소리로 표현하며 기대감을 한껏 담아준다. 이때 음이 흐트러지지 않도록 리듬을 유지하며 가볍게 이어주는 것이 중요하다.

'물 건너 우련한 빛을 우련한 빛을' 부분에서는 '빛'을 강조하며 희미하게 보이기 시작하는 봄의 기운이 점차 선명해지는 장면을 그리듯 부드럽게 끌어준다. 마지막 '강 마을에 내리누나'에서는 점점 느려지며Ritardando 천천히 다가오는 봄의 고요한 분위기를 살리며 마무리한다.

반복되는 '앞 강에 살얼음은 언제나 풀릴꺼나 짐 실은 배가 저만큼 새벽안개 헤쳐왔네'에서는 처음보다 더 강한 기대감을 담아 포르테f로 힘 있게 부른다. 이 구절은 곡의 클라이맥스로 겨울이 물러가고 봄이 오기를 간절히 바라는 마음을 담아 목소리에 힘을 싣는다. 특히 '짐 실은 배가'에서 한 옥타브를 뛰어 넘는 도약이 이어지므로 고음을 자연스럽게 밀어 올리지 않고 한 번에 깔끔히 소리를 내야 한다.

2절, '오늘도 강물 따라 뗏목처럼 흐를꺼나 새소리 바람소리 물 흐르듯 나부끼네'에서는 강가에 들리는 자연의 소리들을 묘사하며 청중이 강물의 흐름과 바람 소리를 느낄 수 있도록 감정을 부드럽게 이어가며 표현해야 한다.

'내 마음 어둔 골에 나의 봄 풀어놓아 화사한 그리움 말없이 그리움 말없이 말없이 흐르는구나'는 마침내 봄을 맞이하며 느끼는 해방감과 따뜻한 봄의 기운을 담아 부드럽게 풀어준다. 이 부분은 봄의 기운이 마음을 어루만지듯 마음속에 쌓인 그리움이 녹아드는 것을 느끼며 자연스럽고 부드럽게 표현한다.

마지막 구절인 '오늘도 강물 따라 뗏목처럼 흐를꺼나 새소리 바람소리 물 흐르듯 나부끼네, 물 흐르듯 나부끼네'에서는 흐르는 강물처럼 여운을 남기며 곡을 마무리한다. '물 흐르듯'에서 스타카토로 짧고 가볍게 끊어주며 물결이 흐르는 모습을 그리듯 표현한다. 마지막 '나부끼네'는 충분한 호흡을 사용해 음이 끊어지지 않고 안정적으로 이어질 수 있도록 신경 써서 부른다. 마지막 음에서 흔들림 없이 여운을 길게 남겨 청중에게 봄을 기다리는 따뜻한 희망을 전달하며 곡을 마무리한다.

𝄞 눈

겨울이 찾아오면 많은 사람들은 눈 덮인 산과 나무 그리고 맑고 고요한 겨울 풍경을 떠올린다. 봄이 오면 〈봄처녀〉를, 가을에는 〈10월의 어느 멋진 날에〉를 떠올리듯, 겨울이 오면 자연스레 가곡 〈눈〉을 떠올리게 된다. 이 곡은 내게도 특별한 인연을 많이 남긴 곡

이다. 2015년, 부산의 성악 동호회와 함께 해운대 근처 작은 아트홀에서 12월 중순에 이 곡을 공연했던 기억이 생생하다. 당시 우면산의 눈 덮인 길을 걸으며 곡의 감정을 되새기며 연습했고 그런 감정들이 무대에서 더욱 풍부하게 발휘되었는지 공연 후 청중들의 큰 호응과 박수를 받았다. 공연을 마친 뒤에는 근처 횟집에서 부산의 신선한 광어회를 맛보며 함께한 이들과 잊지 못할 추억을 쌓기도 했다.

그 후로도 〈눈〉과의 인연은 이어졌다. 벨라비타 성악 오페라 최고위과정의 창립 신년 음악회에서 주제곡으로 이 노래를 선정하게 된 것이다. 특별히 작곡가 김효근 교수가 직접 자리해 주어 곡의 배경과 의미에 대해 설명해 주었고 참석자들이 곡을 깊이 이해할 수 있는 감동적인 시간이 되었다. 김 교수는 직접 피아노 반주를 연주해 주었고 참석자 모두가 그 아름다운 선율에 한층 더 몰입하여 노래를 부를 수 있었다. 그날 음악회는 단순한 연주회를 넘어 함께 감동을 나누는 소중한 경험으로 남았다.

〈눈〉은 겨울을 단순히 추운 계절로만 기억하게 하지 않는다. 이 곡과 함께했던 눈 덮인 산길, 그 길을 걸으며 느꼈던 감정들 그리고 무대에서 청중과 나누었던 따뜻한 교감은 겨울을 오히려 따뜻하게 느끼게 해주는 특별한 힘을 지닌다.

작곡가 김효근 교수는 서울대 경영학과 재학 시절 관악산 기슭의 설경에서 영감을 얻어 이 곡을 완성했다 한다. 그는 1981년 MBC에서 생중계된 제1회 대학가곡제에서 〈눈〉을 발표했고, 이 곡은 심사위원들의 만장일치로 대상 수상의 영광을 안았다. 당시 서울대 성악과에 입학한 소프라노 조미경이 이 곡을 불렀으며 그녀의 맑고 순수한 목소리는 눈의 이미지를 한층 더 생생하게 표현해 냈다는 평가를 받았다. 김 교수는 "겨울이 춥다고들 하지만 나에게는 오히려 마음이 따뜻해지는 계절"이라고 말하며 겨울의 아름다움과 따뜻함이 곡에 담겨 있음을 전했다.

김 교수는 이화여대 경영학과 교수로 재직하며 예술성과 대중성을 아우르는 '아트팝Art Pop'에 대한 탐구를 이어갔다. 그는 음악과 다른 예술 장르가 서로 융합될 때 만들어지는 시너지에 주목했고 이를 통해 새로운 가치를 창조하는 문화적 '공진화'에 깊은 관심을 가졌다. 김효근 교수의 음악은 단순히 아름다움을 전하는 것을 넘어 청중의 마음을 어루만지고 위로하는 깊은 메시지를 전달하며 예술과 삶이 만나

벨라비타 신년회에서 가곡 〈눈〉에 대하여 설명하는 작곡가 김효근 교수

는 순간을 만들어내고 있다.

곡 해석과 연주 전략: 〈눈〉

이 곡은 내림 가장조와 4/4박자로 구성되어 있으며 안단테 에스프레시보Andante espressivo의 템포로 감정을 담아 천천히 부르는 것이 핵심이다. 곡의 전반에 걸쳐 레가토 기법으로 부드럽게 이어 부르며 각 구절에 감정을 섬세히 실어 자연스럽게 표현하는 것이 중요하다. 노래의 흐름을 유지하기 위해 멜로디와 가사를 시각적으로 상상하며 외우는 것도 연주에 도움이 된다.

잔잔한 시작과 풍경의 묘사

'조그만 산길에 흰 눈이 곱게 쌓이면 내 작은 발자욱을 영원히 남기고 싶소. 내 작은 마음이 하얗게 물들 때까지 새하얀 산길을 헤메이고 싶소.'

이 구절은 조용하고 담담하게 시작한다. '흰 눈이 곱게 쌓이면'이라는 구절에서는 겨울의 고요함과 평온함을 나타내는 느낌을 담아 노래해야 한다. 감정을 과하게 드러내기보다는 눈 덮인 산길의 잔잔함과 자신의 작은 발자국을 남기고자 하는 소망을 부드럽게 표현하며 레가토로 음을 자연스럽게 이어가야 한다. '헤메이고 싶소'는 호흡을 잠시하고 부른다. 겨울 산길을 떠도는 아련한 느낌을 살리며 하얗게 물들어가는 풍경을 머릿속에 그리며 가사와 멜로디를 일치시키는 연습이 필요하다.

속도의 변화와 감정의 고조

'외로운 겨울새 소리 멀리서 들려오면 내 공상의 파문이 일어 갈 길을 잊어버리오.'

이 구절은 반주가 빠르게 진행되며 감정이 한층 고조되는 구간이다. '겨울새 소리'에서 외롭고 고요한 새의 울음이 들려오는 장면을 상상하며 노래해야 한다. 이어지는 '파문이'에서는 '이'를 '외'로 발음하여 고음을 준비하고 '갈 길을 잊어버리오'에서 순간적인 고조를 통해 몰아치는 감정을 전달해야 한다. 이 부분은 강약을 섬세하게 조절하면서 자연스러운 흐름을 유지하며 감정의 깊이를 충분히 담아야 한다.

동일한 멜로디 속에 새로운 감정 부여

'가슴에 새겨 보리라 순결한 님의 목소리, 바람결에 실려 오는가 흰 눈 되어 온다오.'

이 구절에서는 첫 소절의 감정을 떠올리며 반복적이지만 더 깊고 진지한 감정으로 표현해야 한다. '순결한 님의 목소리' 부분에서 님을 기다리는 애틋한 마음을 담아야 하며 '흰 눈 되어 온다오'에서는 멜로디의 흐름이 더욱 부드럽게 이어질 수 있도록 신경 써야 한다. 단순한 반복이 아니라 님의 목소리가 바람결에 실려 오길 바라는 마음을 담아 감정의 깊이를 더하며 절제된 표현으로 마무리한다.

감정의 절정과 아련한 표현

'저 멀리 숲 사이로 내 마음 달려가나, 아 겨울새 보이지 않고 흰 여운만 남아 있다오.'

이 구절은 곡의 하이라이트로 박자에 집중하며 감정을 한껏 끌어올려 표현해야 한다. '내 마음 달려가나'에서 강한 열망을 드러내며 멀리 달려가는 듯한 음색으로 긴장감을 높인다. 특히 '겨울새 보이지 않고 흰 여운만 남아 있다오'에서는 절제된 아쉬움과 그리움을 드러내며 감정을 강하게 끌어올리되 과도하지 않게 절제해야 한다.

감정의 마무리와 여운 유지

'눈 감고 들어보리라 끝없는 님의 노래여, 나 어느새 흰 눈 되어 산길을 걸어 간다오.'

마지막 소절에서는 눈을 감으며 말 하듯이 곡을 차분하게 마무리한다. 이때 반주가 끝날 때까지 감정을 유지하고 마지막까지 청중에게 여운을 남길 수 있도록 목소리의 힘을 조절하며 집중해야 한다. '산길 걸어간다오.' 부분에서 흰 눈과 함께 산길을 걷는 모습을 그리며 부드럽고 차분하게 끝맺음한다. 마지막 음이 여운을 오래 남기도록 마무리까지 감정을 놓지 않고 이어가며 곡의 완성도를 높여야 한다.

벨라비타 개강 특강에서 〈청산에 살리라〉를 부르는 지도교수 바리톤 고성현

🎼 청산에 살리라

공부하는 중에 답답함을 느끼면 시내버스를 타고 도시 외곽의 산으로 향해 마음을 정리하곤 했다. 이곳에서 〈청산에 살리라〉를 부르며 노래에 담긴 감정과 내 바람을 함께 느끼면 언젠가 청산에 작은 집을 지어 평화롭게 살고 싶다는 마음이 자연스레 생겨났다. 노래를 부르며 머무르던 그 시간은 단순한 여유가 아니라 미래와 행복에 대한 기대를 담아 내게 위안이 되는 소중한 순간이었다. 이후 작곡가 김연준이 총장으로 재직하던 학교에 입학하게 되면서 이 곡은 나에게 더욱 각별한 의미를 갖게 되었고 가끔 스스로 노래하며 마음을 다잡았다. 하지만 본격적으로 성악 레슨을 받기 시작하면서 이 곡이 단순한 곡이 아니라는 것을 깨닫게 되었다.

이 곡은 자연을 통해 인간의 번뇌와 고통을 승화시키는 메시지를 담고 있다. 절제된 감정 표현과 강한 전개 방식의 대비가 돋보이며 짧지만 강렬한 인상을 남긴다. 많은 성악가들이 연주해 왔으며 고등학교 음악 교과서에도 수록되어 우리나라 대표 가곡으로 자리 잡았다.

작사·작곡한 김연준1914~2008은 함경북도 명천 출신으로 교육자, 음악가, 기업인으로 활약했다. 그는 1960년, 한양대학교 내에 음악대학을 설립하여 이론보다 실기 중심의 교육을 강조하며 전문 연주자 양성에 힘썼다. 음악과 장일남 교수의 격려로 본격적인 작곡 활동을 시작한 김연준은 1971년 100여 곡이 담긴 작품집을 발표하며 뛰어난 예술성을 인정받았다.

그러나 그의 삶은 순탄치만은 않았다. 1973년, 윤필용 사건으로 구속되었으나 이후 병보석으로 풀려난 김연준은 그 이후 음악에 대한 열정을 폭발적으로 쏟아내며 1974년까지 600곡 이상의 작품을 남겼다. 그중에서도 〈청산에 살리라〉는 그의 삶과 예술적 성취를 상징적으로 담은 곡으로 단순히 자연을 노래하는 것을 넘어 청산을 통한 인간의 해방과 평화를 바라는 메시지를 전하고 있다.

곡 해석과 연주 전략: 〈청산에 살리라〉

이 곡은 사장조, 4분의 4박자, 그리고 보통 빠르기Moderato로 연주되며 '간절한 마음'을 담아 불러야 하는 곡이다. 전체 24마디로 이루어진 세도막 형식ABA'의 곡으로 각 부분에서 감정의 미묘한 변화를 세밀하게 표현하는 것이 매우 중요하다.

잔잔한 시작과 레가토 표현

두 마디의 동기가 거의 동일한 리듬으로 네 번 반복되며 시작한다. 첫 마디인 '나는 수풀 우거진 청산에 살으리라'는 레가토로 매끄럽게 이어가며 수풀 우거진 청산의 풍경을 떠올리며 자연스러운 분위기를 만들어야 한다. 이 부분은 음이 부드럽게 연결되도록 호흡을 안정적으로 유지하는 것이 중요하다.

두 번째 마디인 '나의 마음 푸르러 청산에 살으리라'는 첫 번째 마디와 리듬이 유사하지만 마지막 부분인 '청산에 살으리라'의 음정과 박자가 미세하게 달라진다. 이곳의 작은 변화를 정확히 표현하며 청산에서 살고자 하는 소망을 차분하게 전달해야 한다. 곡 제목은 '청산에 살리라'인데 첫 두 마디에서 '살으리라'라고 불러야 한다는 점에 주의하면서 자연스레 곡의 흐름을 이어간다.

점진적 상승과 감정의 절정

음역이 점차 상승하며 곡의 클라이맥스로 이끈다. 반주와 화음이 점점 강렬해지며 다섯 옥타브에 이르는 넓은 음역으로 곡의 감정을 고조시킨다.

'이 봄도 산허리엔' 구절은 두 박자를 길게 내고 경쾌하게 부르며 봄의 생동감을 표현해야 한다. 자연의 아름다움과 계절의 변화를 목소리에 담아 청산에 깃든 아름다움을 노래한다. 이어지는 '초록빛물 들었네'에서는 절정을 향해 음이 점차 상승하며 '네'에서 강하게 발성하여 클라이맥스를 만들어야 한다.

'세상 번뇌 시름 잊고 청산에서 살리라'에서는 감정을 깊게 담아내며 절정의 감정을 천천히 내려오듯 부드럽게 마무리한다. 번뇌와 시름을 잊고 자연 속 평온을 찾고자 하는 다짐을 섬세하게 표현하여 곡의 정서가 자연스럽게 이어지도록 한다.

결연한 다짐과 마무리

'길고 긴 세월 동안 온갖 세상 변하였어도'라는 구절로 시작하며 세상 모든 것이 변해도 청산에서 살고자 하는 변함없는 마음을 다짐하듯 부드럽게 표현해야 한다. 곡의 마지막을 준비하면서 감정을 잔잔하게 이어가며 청산에 대한 결연한 다짐을 담는다.

마지막 구절 '청산은 의구하니 청산에 살으리라'에서는 '의' 발음을 강하고 분명하게 내어 청산에서 영원히 살겠다는 결의를 강조한다. '살으리라'의 마지막 '라' 음을 정확하게 맞추고 충분한 호흡으로 길게 끌어 여운을 남기며 곡을 마무리한다. 이 마지막 음에서 느껴지는 평온과 여운을 통해 청중에게 깊은 감동을 전달하는 것이 중요하다.

'청산에 살리라'는 단순한 자연의 찬양을 넘어 고요한 산속에서 번뇌를 잊고 평온하게 살아가고자 하는 인간의 소망을 담은 곡이다. 곡의 감정을 절제하면서도 진실하게 표현할 때 청중에게 더욱 깊은 울림을 선사할 수 있다.

삶과 철학

🎼 삶이 그대를 속일지라도

2021년, 코로나 예방 접종률이 80%에 도달하며 길었던 코로나 사태가 마침내 진정될 것이라 기대했다. 그동안 만나지 못했던 사람들과 다시 모여 이야기 나누고 노래하며 일상의 기쁨을 되찾을 수 있으리라 생각했지만 현실은 또다시 거리두기로 돌아갔다. 기대했던 송년회도 취소되었고 40년 만에 닥친 강추위로 외출도 쉽지 않던 날씨는 우울한 마음을 더욱 무겁게 했다. 특히 소상공인과 자영업자들의 절망적인 상황을 생각하면 안타까움이 깊어졌다.

코로나가 갑작스럽게 시작되며 공연이 연달아 취소되던 시기에 우리는 그저 각자의 자리에서 버티며 혼란과 무기력 속에서 시간을 견뎌야 했다. 그때 방구석 콘서트를 통해 많은 사람에게 희망을 전했던 바리톤 이응광이 생각난다. 그는 집에서 가곡 〈삶이 그대를 속일지라도〉를 불렀고 그의 노래는 수많은 사람의 마음에 위로와 힘을 주었다.

이 노래는 우리가 겪고 있는 현실의 어려움을 부정하지 않으면서도 조용히 희망의 메시지를 전한다. 계속되는 거리두기와 경제적 어려움으로 모두가 지쳐 있었지만 함께 버티고

바리톤 이응광과 함께

벨라비타 월요 음악회에서 부르는 〈삶이 그대를 속일지라도〉

나아간다면 결국 어두운 시간을 지나 밝은 날을 맞이할 수 있을 것이라는 희망을 심어주었다.

　이 곡은 김효근 작곡가가 오래도록 가슴에 품고 작곡하고자 했던 작품이다. 러시아 시인 알렉산드르 푸시킨의 시에 곡을 붙인 이 노래는 작곡가가 힘든 순간마다 큰 위로를 받았던 작품으로 직접 번역하고 곡을 쓰게 된 것이다. 김효근은 이 곡에 대해 "오늘의 삶이 불안과 고통으로 가득하더라도 희망을 잃지 않고 성실하게 노력한다면 가장 행복한 미래는 반드시 내일 실현될 것"이라고 설명한다. 이 노래는 그 자체로 어려운 상황을 이겨내고 더 나은 내일을 꿈꾸게 하는 메시지를 담고 있다.

　김효근 교수는 세월호 참사 후 온 국민을 위로하며 큰 감동을 준 추모곡 〈내 영혼 바람되어〉를 작곡했고 겨울을 대표하는 노래 〈눈〉이나 결혼식 축가로 유명한 〈첫사랑〉 등 대중성과 예술성을 겸비한 곡들을 발표했다. 그는 예술과 현실을 연결하며 많은 이들에게 따뜻한 위로를 전하는 공감의 메시지를 담아내고 있다.

곡 해석과 연주 전략: 〈삶이 그대를 속일지라도〉

이 곡은 내림 나장조, 4/4박자로 구성된 곡으로 점진적으로 상승하는 멜로디와 반복적인 음역이 주는 심리적 위로와 희망이 특징이다. 곡은 후반부로 갈수록 고음으로 올라가며 감정을 극대화하는 구성이지만 전반부만으로도 충분한 위로를 전달한다. 이 노래는 단순히 청중에게 감동을 줄 뿐 아니라 부르는 이에게도 큰 위안을 준다. 곡을 반복해서 부르며 자신과 타인을 위로할 용기를 얻게 되는 것이 이 노래의 특징이다.

전반부 – 기대와 희망으로 시작되는 위로

첫 소절, '삶이 그대를 속일지라도 슬퍼하거나 화내지 마. 슬픈 날들을 참고 견디면 즐거운 날들 오리니.'

노래의 시작은 잔잔한 기대와 희망을 표현한다. 부드러운 멜로디 속에서 슬픔 속에서도 긍정의 메시지를 던지는 듯 지나치게 감정을 담지 않고 소박하게 노래해야 한다. 이 부분에서 감정을 과도하게 표현하지 않도록 주의하면서도 가사에서 느껴지는 작은 희망을 목소리에 담아야 한다.

'세상이 그대를 버릴지라도 슬퍼하거나 화내지 마. 힘든 날들을 참고 견디면 기쁨의 날 꼭 올 거야.'

전 소절과 유사한 멜로디이지만 조금씩 변형된 선율로 인내와 희망의 강도를 높인다. '꼭 올 거야' 부분에서 '꼭'을 강조하며 부르면 희망이 단순한 기대에서 확신으로 전환되는 느낌을 줄 수 있다. 단조로운 듯하지만 가사에 따라 감정의 변화를 조금씩 높이는 것이 중요하다.

중반부 – 강렬한 열망과 확신

'마음은 미래를 꿈꾸니 슬픈 오늘은 곧 지나버리네. 걱정 근심 모두 사라지고 내일은 기쁨의 날 맞으라.'

중반부에서는 곡의 감정이 고조되며 멜로디가 상승하고 미래를 향한 강한 기대와 확신을 담아낸다. 단순한 위로에서 강한 열망으로 전환되는 부분으로 미래에 대한 희망을 더 확고히 표현한다. '걱정 근심'이라는 표현을 조금 더 짙은 목소리로 강조하며 점진적으로 강해지는 멜로디에 따라 감정을 담아내야 한다.

'삶이 그대를 차마 속일지라도 슬퍼하거나 화내지 마. 절망의 날 그대 참고 견디면 기쁨의 날 꼭 올 거야. 세상이 그대를 버릴지라도 슬퍼하거나 화내지 마. 힘든 날들을 참고 견디면 기쁨의 날 꼭 올 거야.'

감정이 더 확고해지는 이 구절에서는 고음과 강렬한 표현을 통해 강한 의지와 희망을 강조한다. 마지막 고음에서 가사와 멜로디의 절정을 맞으며 힘 있게 부르고 그 후에는 안정된 멜로디로 전환해 청중에게 안도감을 전달한다. 고음에서 감정의 절정과 함께 희망의 강도를 최고로 높여준다.

후반부 – 감동을 배가시키는 고음과 마무리

'마음은 미래를 꿈꾸니 슬픈 오늘은 곧 지나버리네

걱정 근심 모두 사라지고 내일은 기쁨의 날 맞으라.

삶이 그대를 차마 속일지라도 슬퍼하거나 화내지 마

절망의 날 그대 참고 견디면 기쁨의 날 꼭 올 거야.

삶이 그대를 속일지라도 슬퍼하거나 화내지 마

슬픈 날들을 참고 견디면 즐거운 날들 오리니.

세상이 그대를 속일지라도 슬퍼하거나 화내지 마

힘든 날들을 참고 견디면 기쁨의 날 꼭 올 거야.'

간주 후에 후반부는 전반부와 유사한 멜로디로 시작되지만 몇 가지 중요한 차이가 있다. '참고 견디면'과 '기쁨의 날 꼭 올 거야'의 '면'과 '야' 부분에서 고음을 쭉 끌어주며 감동을 극대화한다. 이때, 소리의 강약과 호흡을 조절하여 감정의 깊이를 더하며 여운을 남기는 것이 중요하다. 마지막 구절에서 충분한 호흡과 여운을 남기도록 부드럽게 마무리해야 한다.

마지막 소절인 '세상이 그대를 속일지라도 슬퍼하거나 화내지마. 힘든 날들을 참고 견디면 기쁨의 날 꼭 올 거야.'는 노래의 흐름을 조화롭게 정리하면서 곡 전체에서 느낀 위로와 편안함을 담아부른다. 감정을 과하게 표현하기보다 청중에게 마음 깊이 스며드는 따뜻한 위로를 전달할 수 있도록 안정된 목소리로 마무리한다.

2
이탈리아 가곡 및 외국 가곡 부르기

이탈리아 가곡 이해하기

해외 콘퍼런스 저녁 만찬 자리에서 〈오 솔레 미오O Sole Mio〉를 부른 경험은 출장 중 내내 즐거운 추억으로 남아 있다. 그 노래 덕분에 외국 참가자들이 나를 '싱어'라 부르며 친근하게 다가와 주었고 덕분에 출장 내내 분위기가 편안하고 즐거웠다.

비슷한 경험을 한 사람도 있었다. 필자가 운영하는 성악 오페라 최고위과정에 참여한 한 여성 대표는 유명 브랜드의 한국 지사장인데 본사 초청 모임에서 외국 참가자들의 관심을 끌고 한국 지사에 대한 관심을 높이고 싶다는 마음에 외국인들이 익히 아는 이탈리아 가곡 〈카로 미오 벤Caro Mio Ben〉을 열심히 배웠다.

중·고등학교 음악 수업에서 배운 이탈리아 노래들이 성악을 배우

이탈리아 《산레모》 가요제

는 과정에서 중요한 밑거름이 되었다. 이때 배운 가사와 멜로디는 성악을 다시 배우는 데 큰 도움이 되었고 노래를 자연스럽게 소화할 수 있는 좋은 기초가 되었다.

이러한 경험들은 이탈리아 가곡이 단순한 음악을 넘어서 사람들 사이의 공감과 소통의 매개체가 될 수 있음을 보여준다. 성악을 배우는 과정에서 배운 이 노래들은 해외 무대에서 자신감을 줄 뿐 아니라 문화적 교류를 통해 더욱 큰 의미를 만들어 낸다.

이탈리아 가곡의 특징과 대표곡들

이탈리아 가곡은 칸초네Canzone로 불리며 서정적이고 아름다운 선율로 사랑과 자연, 삶의 감정을 노래하는 예술 장르다. 주로 나폴리 전통을 바탕으로 하여 지역의 정서와 언어가 반영된 가사가 많다. 선율이 부드럽고 풍성해 누구나 쉽게 따라 부르기 좋으며 세계적으로도 사랑받고 있다.

이탈리아 가곡은 다양한 감정과 정서를 표현하며 성악을 배우는 이들에게도 훌륭한 연습 곡목으로 여겨진다. 이탈리아어는 받침이 없고 모음이 간결한 구조 덕분에 발성적으로 유리한 언어로 꼽히며 이 때문에 이탈리아 가곡은 노래에 더 큰 비중을 둔다. 이는 반주와 노래가 조화를 이루는 독일 가곡Lied과는 대비되는 점이다.

이탈리아 가곡의 음악적 성향

이탈리아 가곡은 열정적이고 즉흥적인 특성을 지니며 이탈리아 민족의 문화와 정서를 반영한다. 화려함과 생동감을 중요시하는 이탈리아 음악은 공연에서 감정을 강하게 드러내는 경향이 있으며 이러한 특징은 이 가곡들을 부르는 방식에 직접적으로 드러난다.

대표적인 이탈리아 가곡으로는 〈오 솔레 미오O Sole Mio〉, 〈카로 미오 벤Caro Mio Ben〉, 〈돌아오라 소렌토로Torna a Surriento〉, 〈무정한 마음Core ´ngrato〉, 〈푸니쿨리 푸니쿨라Funiculì, Funiculà〉 등이 있다.

이탈리아 가곡 발음과 억양의 중요성

이탈리아 가곡은 정확한 발음과 억양을 통해 가사의 아름다움을 온전히 전달할 수 있다. 노래를 말하듯 자연스럽게 부르기 위해 이탈리아어의 발음 특징을 잘 이해하고 소화하는 것이 필수적이다. 특히 이탈리아어는 발음이 명확하고 경음화된 소리를 필요로 하므로 정확한 소리와 억양이 곡의 매력을 살리는 핵심이 된다.

'r' 발음: 이탈리아어의 'r'은 혀를 떨며 발음하는 권설음rolled R이다. 영어의 묵음 'r'과 달리 이탈리아어에서는 확실하게 혀를 굴려야 한다. 연습할 때는 혀끝이 상치윗니와 잇몸 사이에 닿은 상태로 연속적으로 떨리도록 연습한다. 예: 'Amore아모레' → '아모ㄹ레'

'f'와 'v' 발음과 겹자음: 'f'와 'v' 발음은 앞니를 아랫입술에 살짝 붙인 후 떼면서 소리를 낸다. 예를 들어 'vita뷔따' 이 발음은 부드럽게 흘리되 명확하게 소리를 내는 것이 중요하다. 이탈리아어의 겹자음강한 자음은 더 강하게 발음해야 한다. 예를 들어 'bella벨라', 'cessa쳇싸' 겹자음을 확실히 소리 내지 않으면 가사의 의미가 흐려지거나 노래의 생동감이 떨어진다.

경음화된 자음 발음과 특수 발음: 이탈리아어는 자음을 강하게 발음하는 경음화 특징이 있다.
'p'와 't'는 각각 '쁘'와 '뜨'로 발음한다.
예: 'tempo뗌뽀', 'tutto뚜또'
특수 발음으로 'chio'는 '끼오'로 발음한다.
예: 'occhio오끼오'
'voglio'는 '볼리오'로 발음하며 'g'는 묵음 처리한다.
예: 'Voglio bene볼리오 베네'

독일 가곡(Lied)

독일 가곡은 Lied리트로 불리며 19세기 낭만주의 시대에 특히 발전했다. 이 장르는 서정적인 시에 곡을 붙여 피아노 반주와 함께 노래하는 형식으로 주로 자연, 사랑, 죽음, 철학 등 다양한 주제를 다룬다. 피아노 반주는 단순한 배경 음악을 넘어 노래와 상호 작용하며 감정을 전달하는 역할을 한다. 대표적인 독일 가곡으로는 〈세레나데Ständchen〉, 〈송어Die Forelle〉 등이 있다.

프랑스 가곡과 샹송

프랑스 음악은 우아함과 감성적인 표현으로 잘 알려져 있다. 프랑스 가곡Mélodie은 클래식 음악의 한 장르로 시적 가사를 바탕으로 피아노 반주와 함께 부르는 예술 가곡이다. 샹송Chanson은 대중적인 프랑스 노래로 리듬감과 서정성이 특징이며 감정을 직

에디뜨 삐아프의 〈사랑의 찬가〉

설적으로 표현한다. 주요 샹송곡으로는 에디뜨 삐아프의 〈Hymne à l'amour사랑의 찬가〉, 〈La Vie en Rose장미빛 인생〉와 이브 몽땅의 〈Les Feuilles Mortes고엽〉 등이 있다.

이탈리아 가곡 부르기

𝄞 오 솔레 미오(O Sole Mio)

이탈리아 가곡 하면 찬란한 태양이 빛나는 나폴리가 생각나고 〈오 솔레 미오O Sole Mio〉가 떠오른다. 이 노래는 단순한 멜로디 이상으로 많은 추억과 감동을 떠올리게 하는 곡이다. 고등학교 시절 음악 시간에 이 가곡을 배웠던 기억이 여전히 아련하다. 선생님과 교실 그리고 피아노 소리가 함께 했던 그 시절의 추억은 지금까지도 마음속에 남아 있다.

공연을 할 때 앙코르곡으로 자주 불리는 곡이라 무대에 서는 사람과 관객이 함께 부르는 즐거움을 나눌 수 있다. 누구나 쉽게 따라 부를 수 있는 이 곡은 여행 중이나 공식 행사에서 자연스럽게 분위기를 띄우기 좋은 노래다. 노래를 통해 순간의 감정을 나누고 잊지 못할 추억을 쌓는 즐거움을 경험할 수 있다.

이 곡은 19세기 말 나폴리에서 활동한 에두아르도 디 카푸아 Eduardo di Capua가 작곡하고 조반니 카프로Giovanni Capurro가 가사를 쓴 곡이다. 1898년 피에디그로타Piedigrotta 가요제에서 우승하며 큰 주목을 받았고 이후 이탈리아의 전설적인 테너 엔리코 카루소 Enrico Caruso가 뉴욕 메트로폴리탄 오페라하우스에서 이 곡을 부르며 대대적인 갈채를 받았다. 이로 인해 애창곡으로 자리 잡았고 사실상 제2의 이탈리아 국가로 불릴 만큼 큰 사랑을 받게 되었다.

곡 해석과 연주 전략: 〈오 솔레 미오(O Sole Mio)〉

G장조, 2/4박자, 안단티노조금 빠르게로 구성된 이 곡은 경쾌하고 밝은 리듬이 특징이다. 붓점과 꾸밈음이 포함된 전주가 곡의 시작을 활기차게 열어준다. 곡의 주요 가사와 리듬을 정확히 이해하고 표현하는 것이 핵심이며 나폴리 방언과 독특한 멜로디를 자연스럽게 소화해 내는 것이 중요하다.

이 노래는 〈칸초네 나폴레타나Canzone Napoletana〉, 즉 나폴리 지역의 가곡으로 가사가 나폴리 방언으로 쓰여 있다. 이탈리아 사람들은 종종 표준어로 부르기도 하지만 그럴 때는 나폴리 특유의 정서와 멋이 사라진다는 아쉬움이 있다. 맑고 상쾌한 하늘과 뜨거운 태양에 대한 감탄이 곡의 중심을 이루며 자연의 아름다움과 사랑의 감정을 표현하는 것이 특징이다. 노래에서는 태양과 하늘이 아름답지만 사랑하는 사람의 눈동자에 비치는 햇빛이 더 아름답다고 노래한다. 이처럼 자연의 경이로움과 사랑의 감정을 조화롭게 담아내는 것이 이 곡의 매력이다.

Che bella cosa na jurnata ´e sole,
께 벨라 꼬자 나 유르나따 에 쏠레
N´aria serena doppo na tempesta.
나리아 쎄레나 돕뽀 나 뗌뻬스따
Pe´ ll´aria fresca pare già na festa.
뻴 라리아 후레스카 빠레 지아 나 훼스따

Che bella cosa na jurnata ´e sole!
께   벨라   꼬자   나   유르나따   에   쏠레

Ma n´atu sole cchiù bello, oi ne´.
마   나뚜   쏠레   끼유   벨로   오이   네

O sole mio sta nfronte a te.
오   쏠레   미오   쉬딴   프론떼   아   떼

O sole, o sole mio,
오   쏠레   오   쏠레   미오

Sta nfronte a te, sta nfronte a te.
쉬딴   프론떼   아   떼   쉬딴   프론떼   아   떼

한국 노래 가사

오 맑은 햇빛, 너 참 아름답다.

폭풍우 지난 후 너 더욱 찬란해.

시원한 바람 솔솔 불어오니

하늘에 맑은 해는 비치인다.

첫 소절 – 발음과 리듬의 조화

'Che bella'로 시작하는 첫 소절에서는 'che께'보다 'bella벨라'에 강한 악센트를 두어 '아름답다'라는 감정을 강조한다. 'na jurnata´e나 유르나따에'는 나폴리 방언이기 때문에 해석하려 하기보다는 자연스럽게 발음하는 것이 좋다.

'naria serena doppo na tempesta나리아 쎄레나 돕뽀 나 뗌뻬스따'에서는 리듬을 정확히 맞추는 것이 중요하다. 'se쎄'를 붓점처럼 약간 길게 끌고 '쎄레나 도'와 '뽀나 뗌뻬에스따'를 살짝 이어서 부르는 것이 좋다.

두 번째 소절 – 리듬의 변주와 숨 조절

'Pellaria fresca paregiana festa, che bella cosa najurna ta'e sole벨라리아 후레스카, 빠레 쥐아 나 훼스따'에서는 밝고 경쾌한 리듬을 유지하면서도 '쏠레'를 꺾어 부르며 리듬적 변주를 준다. 이때 'sole'의 발음이 '쏠에'이지만 '쏠레'가 부르기가 편하며 마지막 'le레'를 너무 길게 끌면 다음 고음을 부르기 어려워질 수 있으므로 짧게 끊고 숨을 깊게 들이마시며 준비한다. 이 구절에서는 경쾌함과 활기를 유지하면서도 감정의 흐름을 매끄럽게 이어가는 것이 중요하다.

세 번째 소절 – 하이라이트와 고조된 감정 표현

하이라이트 'Mana tu sole cchiù bello ohine마나뚜 쏠레 끼유 벨로 오이 네'에서는 페르마타늘임표를 활용해 'Mana tu마나뚜'를 한 음씩 두 배로 끌어 강조한다. 이 부분에서는 곡의 절정에 이르는 감정을 한꺼번에 폭발시키는 것이 중요하다. '쏠, 네, 미' 등의 꾸밈음을 맛깔스럽고 섬세하게 표현하며 흥겨움과 로맨틱한 분위기를 동시에 살린다.

마지막 'o sole, o sole mio, stanfronte a te오 쏠레, 오 쏠레 미오 쉬딴 프론떼 아 떼'에서는 'o sole, o sole mio오 쏠레, 오 쏠레 미오'를 단조의 느낌을 더해 은은하고 간절하게 표현해야 한다. 그리고 'stan'의 발음을 '쉬딴'으로 해준다. 이 구절은 단순히 태양을 찬미하는 것이 아니라 사랑과 그리움이 담긴 감정을 부드럽게 풀어내는 순간이다.

2절 – 한글 노래 가사와 기교의 활용

2절에서는 '오 맑은 햇빛 너 참 아름답다, 폭풍우 지난 후 너 더욱 찬란해, 시원한 바람 솔솔 불어오니 하늘에 맑은 해는 비치인다'를 우리말 가사로 부르며 'Mana tu마나뚜'부터는 원어로 부르는데 길게 불러도 좋으며 중창을 할 때는 돌아가면서 불러도 좋다. 자신의 기교와 개성을 살려 멋있게 표현하는 것이 좋다.

마지막 구절 'stanfrontea te쉬딴 프론떼 아 떼'에서는 고음을 부를 수 있는 사람은 자신 있게 고음을 올려 부르며 힘찬 마무리를 선사한다. 고음이 어려운 사람은 자기 목소리에 맞춰 부드럽게 부르되 두 팔을 벌려 격정적으로 마무리하면 공연의 에너지를 살릴 수 있다. 이 부분에서는 감정을 최대한 끌어올려 관객과의 공감을 이끌어내는 것이 중요하다.

🎼 카로 미오 벤(Caro Mio Ben)

이탈리아 가곡에서 남성적 사랑과 열정을 담은 곡이 〈오 솔레 미오O Sole Mio〉라면 여성적인 부드러움과 잔잔한 사랑의 마음을 담은 곡으로는 〈카로 미오 벤Caro Mio Ben〉을 들 수 있다. 이 곡은 사랑을 애틋하게 그리워하는 감정을 담아 부드럽고 서정적으로 표현하는 것이 특징이다. 고등학교 시절 가창 시험에서 이 곡을 부른 기억이 나는데 단순히 노래를 잘 부르는 것을 넘어서 감정을 담아내기 좋은 곡이었다. 이 곡은 성악 전공자들이 발성 연습을 할 때 필수적인 레퍼토리로 자주 활용되며 발성과 감정 조절을 익히는 데 큰 도

움이 된다.

이탈리아 가곡 〈카로 미오 벤Caro Mio Ben〉은 이탈리아 작곡가 주세페 조르다니Giuseppe Giordani, 1743-1798의 작품으로 제목은 '나의 다정한 연인'이라는 뜻을 지닌다. 이 곡은 이탈리아 고전 가곡 중에서도 명작으로 꼽히며 오늘날까지 많은 이들에게 사랑받고 있다. 조르다니는 오페라, 발레, 교회음악, 협주곡, 가곡 등 다양한 장르의 음악을 남긴 작곡가였으나, 현재는 이 곡만이 그의 대표작으로 전해지고 있다.

이 노래는 가곡의 아름다움과 표현의 깊이를 살려내는 곡으로 특히 루치아노 파바로티와 조수미의 노래로 유명하다. 파바로티의 해석에서는 풍부한 발성과 남성적인 힘이 느껴지며 조수미의 해석에서는 섬세하고 부드러운 감정선이 돋보인다. 이 곡은 같은 가사와 멜로디를 가지고 있음에도 해석에 따라 완전히 다른 감정을 전달할 수 있어 성악가들이 독창적으로 감정을 표현하는 데 도전해볼 만한 곡이다.

곡 해석과 연주 전략: 〈카로 미오 벤(Caro Mio Ben)〉

이 곡은 내림 마장조로 Larghetto라르겟토, 아주 느리게의 4/4박자로 구성되어 있다. 곡의 시작부터 끝까지 여린내기피아노로 부드럽게 시작하며 부를수록 깊이와 무게가 느껴지는 곡이다. 이탈리아 가곡의 특징을 잘 살리기 위해서는 발음을 정확하게 구사하는 것이 중요하며 이를 통해 곡의 감정과 정서를 제대로 전달할 수 있다.

Caro mio ben, credimi almen,
까로 미오 벤 끄레디미 알멘
Senza di te languisce il cor.
센짜 디 떼 라앙구이쉐 일 꼬르

나의 사랑스런 님이여, 나를 믿어 주세요.
당신이 없으면 내 마음은 초췌해집니다.

Caro mio ben, Senza di te languisce il cor.
까로 미오 벤 센짜 디 떼에 라앙구이이쉐 일 꼬르
Il tuo fedel sospira ognor.
일 뚜오 페델 쏘스삐라 오뇨르

당신의 성실한 연인은 늘 한숨을 내쉽니다.

Cessa, crudel, tanto rigor!
쳇싸 끄루델 딴또 리고르

잔인한 사람아, 제발 그 엄격함을 멈추세요!

Cessa, crudel, tanto rigor!
쳇싸 끄루델 딴또 리고르
Caro mio ben, credimi almen, senza di te languisce il cor.
까로 미오 벤 끄레디미 알멘 센짜 디 떼에 라앙구이이쉐 일 꼬르
Caro mio ben, credimi almen, senza di te languisce il cor.
까로 미오 벤 끄레디미 알멘 센짜 디 떼에 랑 구이이쉐 일 꼬르

첫 소절인 'Caro mio ben까로 미오 벤'은 진실하고 애절한 감정으로 부드럽게 시작한다. 이때, '까'보다는 '카'로 두성을 울리듯 발음해 여린 소리로 시작하며 감정을 절제하며 부른다. 두 번째 'Caro mio ben'은 음정에 집중한다. 'languisce il cor'이 두 번 반복되는데 처음에는 '라앙 구이 쉘 꼬르'로 자연스럽게 부르고 두 번째 반복에서는 '라앙 구이 이 쉘 꼬르'로 끊어 부르며 감정의 강약을 준다. 이때 리듬과 발음에 집중해 정확하게 소화해야 한다. 'cor'에서 'r' 발음을 확실히 내주어 '꼬'를 길게 하고 마지막에 '르' 발음을 내준다.

중간 반주가 끝난 후 클라이맥스인 'Cessa crudel tanto rigor 쳇싸 끄루델 딴또 리고르' 부분에서는 피아노로 시작해 점점 더 강하게포르테 부른다. 이 부분은 잔인한 사랑에 대한 절박함을 담아 격정적으로 부르되 지나치게 과장하지 않도록 주의한다.

곡의 끝으로 갈수록 포르테에서 피아니시모아주 작게로 자연스럽게 넘어가며 감정을 최대한 자제한다. 마지막 부분에서는 '까아아', '끄레에'와 같은 꾸밈음을 연습해 정확하고 깔끔한 발음으로 표현한다. 마지막 'languisce il cor랑구이이쉘 일 꼬르'는 간절한 표정과 제스처를 사용해 청중에게 여운을 남기며 마무리한다.

🎼 돌아오라 소렌토로(Torna a Surriento)

몇 년 전 단체로 떠난 해외여행의 저녁 만찬 자리에서 노래를 불러달라는 요청을 받았을 때 한참 고민했던 기억이 난다. 들뜬 분위기에 어울릴 유쾌한 이탈리아 가곡을 찾다가 결국 〈돌아오라 소렌토로Torna a Surriento〉를 선택했다. 여행의 낭만을 더해주는 멜로디가 적합하다는 생각이 들었고 덕분에 노래를 부르며 여행객들 사이의 분위기가 한층 밝아지고 자연스러운 환호가 이어졌다.

예전에 이탈리아 여행으로 나폴리, 소렌토, 카프리, 아말피 등 남부 지방을 여행한 적이 있다. 소렌토는 절벽으로 되어있어 배를 타려면 한참을 내려가야 한다. 카프리로 가는 뱃전에서 소렌토를 바라보며 이 노래를 불렀는데 나이가 지긋한 이탈리아 할아버지로부터 발음이 좋다고 칭찬을 받은 적이 있다. 그곳의 청명한 바람과 따스한 햇살이 떠올라 이 노래를 부를 때마다 그 시절의 추억이 떠오르곤 한다. 이 곡은 소렌토의 아름다운 풍경을 찬양하면서도 떠나간 연인이 돌아오기를 간절히 바라는 마음이 담겨 있어 소렌토의 절경을 배경으로 사랑과 그리움을 절묘하게 담아낸다. 이탈리아가 어려웠을 때 많은 사람들이 소렌토 항구에서 미국으로 이민 갔는데 성공해서 다시 돌아오라는 희망으로 불렀다는 이야기도 있다.

〈오 솔레 미오O Sole Mio〉가 이탈리아 가곡의 왕이라면 〈돌아오라 소렌토로Torna a Surriento〉는 여왕으로 불릴 만하다. 이 곡은 잠밧티스타 데 쿠르티스Giambattista De Curtis가 가사를 쓰고 그의 동생 에르네스토 데 쿠르티스Ernesto De Curtis가 1902년 피에디그로타 가요제에서 발표한 작품으로 나폴리 특유의 정서를 담고 있는 이탈리아 대표 가곡이다. 이곳은 이탈리아 나폴리 맞은편 소렌토 반도에 위치한 작은 어항으로 여름철 피서지로도 유명한 경치가 좋은 곳이다. 나폴리 방언으로 소렌토를 '쑤리엔또Surriento'라고 부르며 이곳의 아름다움을 찬양하면서 연인에게 돌아오라는 간절한 마음을 노래하고 있다.

필자가 소렌토를 떠나는 뱃전에서 〈돌아오라 소렌토로〉를 노래함

이 곡의 가사가 두 가지 이탈리아어 버전이 있는데 그중 'Vide´o mare quant´è bello 바다를 보라, 얼마나 아름다운가'로 시작하는 나폴리 방언 버전이 특히 널리 불리며 나폴리어가 정서를 더 잘 살려낸다. 곡의 첫 소절에서 시작되는 '돌아오라 내 사랑 소렌토로'라는 간절한 마음이 청중에게 전달되도록 표현하는 것이 중요하다.

곡 해석과 연주 전략: 〈돌아오라 소렌토로(Torna a Surriento)〉

이 노래는 다장조와 3/4박자의 전주로 시작되지만 노래 시작 직전 단조로 전환되면서 감정이 깊어지게 만든다. 이로 인해 곡의 분위기는 단순히 아름다운 풍경을 노래하는 것을 넘어 떠나간 연인에 대한 애틋하고 간절한 호소와 그리움을 담

아낸다. 첫 소절부터 발음과 감정이 중요하며 정확한 발음과 리듬
을 통해 청중에게 깊이 있는 감정을 전달하는 것이 핵심이다.

Vide ′o mare quant′è bello! Spira tantu sentimento.
뷔데 오   마레 꽌떼   벨로   스삐라   딴뚜   쎈띠미엔또

아름다운 저 바다를 보라, 얼마나 아름다운가! 그곳엔 강렬한 감
정이 깃들어 있다.

Comme tu a chi tiene mente Ca scetato ′o faje sunna.
꼼메   뚜 아 끼 띠에네   멘떼   까   쉐따또   화예   쑨나

마음속에 사랑을 간직한 사람처럼 당신을 꿈꾸게 한다.

Guarda, gua′ chi stuciar di no Siente, sìe, sti sciure
꽈르다   꽈 끼 스뚜차르 디 노 씨엔떼 씨에 스띠   슈레
arance.
아란체

꽃들이 피어 있는 이 아름다운 정원을 바라보라.

Nu prufumo accussi fino Dinto ′o core se ne va.
누   프루무모 악꾸씨 휘노 딘또   꼬레 쎄 네 바

그 부드러운 향기가 마음속 깊이 파고든다.

E tu dice "I′parto, addio!" T′alluntane da stu core.
에 뚜 디체   이 빠르또   앗띠오   딸룬 따네 다 스뚜 꼬레

하지만 당신은 떠나가며 이별을 고한다. 내 마음에서 멀어지지
마라.

Da sta terra del l′ammore Tiene ′o core ′e nun turnà.
다 스따 떼라 델   람모오레 띠에네   꼬레   눈   뚜르나

사랑의 땅에서 당신은 돌아오지 않겠다는 마음을 품었는가.

Ma nun me lassa, nun darme stu turmiento!
마 눈 메 라싸 눈 다르메 스뚜 뚜르미엔또

하지만 제발 나를 홀로 내버려두지 말고, 이 고통을 주지 말아

달라.

Torna a Surriento, famme campà!
또르나 쑤리엔또 황메 깜빠

소렌토로 돌아오라.

한글 노래 가사

아름다운 저 바다와 그리운 그 빛난 햇빛

내 마음속에 잠시라도 떠날 때가 없구나.

향기로운 꽃 만발한 아름다운 동산에서

내게 준 그 귀한 언약 어찌 잊을 수 있나.

멀리 떠나간 그대여 나는 홀로 사모하여

잊지 못할 이곳에서 기다리고 있노라.

돌아오라 이곳을 잊지 말고

돌아오라 소렌토로 돌아오라.

첫 소절 'Vide ´o mare quant´è bello!뷔데오 마레 꽌떼 벨로'에서 'V' 발음을 명확히 하기 위해 혀끝을 입술에 붙였다 떼며 '뷔' 소리로 시작한다. 이 첫 발음은 노래의 인상을 결정하기 때문에 부드럽고 명확하게 발음하는 것이 중요하다. 'Comme tu a chi tiene mente꼼메 뚜아끼 띠에네 멘떼' 부분에서는 'Comme'를 겹자음 '꼼메'로 발음해 주고 'tu a뚜아'를 페르마타늘임표로 처리해 잠시 멈추며 한 박자 정도 더 끌어준다. 이때 감정이 자연스럽게 흐르도록 서두르지 않고 여유 있게 부르는 것이 좋다.

'Ca scetato ´o faje sunna까 쉐따또 화예 쑨나'에서는 Rallentando점점 느리게 처리하며 부드럽게 마무리한다. 이 부분은 소렌토의 아름다움을 잊지 말라는 안타까운 마음을 표현하는 대목이므로 감정을 담아 부드럽게 이어가는 것이 중요하다. 'accussi fino악꾸씨 휘노'는 발음하기 어렵기 때문에 10번 이상 반복하며 연습한다.

'Da sta terra del l´ammore다스따 떼라 델 람모오레' 구절에서는 'te떼'를 페르마타로 길게 끌며 힘차게 질러 감정의 절정을 표현한다. 이어지는 'more'를 '모오레'로 꾸밈음처럼 처리해 곡의 흐름에 생동감을 더해준다. 하이라이트 부분인 'Ma nun me lassa마 눈메 랏싸'에서는 숨과 소리를 죽이며 절제된 감정으로 '나를 혼자 내버려 두지 말아 달라'는 간절한 마음을 표현한다. 이 구절은 과장하지 않으면서도 잔잔하게 울리는 호소력을 담아야 한다.

마지막 소절 'Torna a Surriento, famme campà!또르나 쑤리엔또, 홤메 깜빠!'에서 'Surriento'의 '엔'을 고음으로 확실히 불러 감정의

극대화를 유도한다. 두 번째 'campà'는 '깜 빠아아'로 격정적으로
토해내며 곡을 감정적으로 강렬하게 마무리한다.

🎼 나를 잊지 말아요(Non ti scordar di me)

환송회에서 부른 〈날 잊지 말아요Non ti scordar di me〉는 이탈리아
가곡 특유의 감동적인 선율과 감정을 담고 있어 이별의 순간을 더
욱 깊이 있게 만드는 곡이다. 이 노래는 단순히 노래 이상의 의미를
가지며 '나를 잊지 말아줘'라는 가사처럼 이별 속에서도 서로를 기
억하고자 하는 마음을 전한다. 성악 오페라 최고위과정에 입학한
대학 교수에게 이 곡을 학기 말, 또는 졸업식에서 부를 것을 권장했
다. 중요한 순간마다 불리는 이 노래는 참석자들의 마음속에 오래
도록 남을 여운을 남기기에 적합하다.

이 곡은 이탈리아 가곡의 대표적인 작품으로 부드러운 멜로디와
서정적인 가사로 많은 사랑을 받아왔으며 에르네스토 데 쿠르티스
Ernesto De Curtis가 1935년에 작곡하였다. 특히 1958년 줄리오 델

벨라비타 졸업공연에서 부르는 〈나를 잊지 말아요〉

토레Giulio Del Torre가 감독한 영화《물망초Forget Me Not》의 주제가로 사용되면서 대중적으로 더욱 친숙해졌으며 이별과 추억에 대한 감정을 깊이 있게 표현하는 곡으로 자리 잡았다. 가사의 배경과 함께 연주될 때 참석자들은 단순한 이별의 아픔을 넘어 앞으로의 여정에 대한 응원과 따뜻한 격려를 느낄 수 있다.

곡 해석과 연주 전략: 〈나를 잊지 말아요(Non ti scordar di me)〉

이 노래는 이탈리아의 대표적인 사랑과 이별의 가곡으로 제목은 '나를 잊지 말아줘'라는 뜻이다. 슬픔과 그리움이 가득 담긴 서정적인 멜로디는 연인에게 영원히 기억되기를 바라는 간절한 마음을 표현한다. 부드럽고 감정이 깊은 발성으로 연주해야 하며 가사 한 줄 한 줄에 감정을 담아 표현하는 것이 중요하다. 사단조, 4분의 3박자로 진행되며 천천히 애절하게 불러야 노래의 감정이 살아난다.

첫 소절: 제비들의 떠남과 이별의 시작

'Partirono le rondini dal mio paese freddo e senza sole'
빠르띠로노 레 론디니 달 미오 빠에제 프렛또 에 쎈짜 쏘레

'해 없이 추운 이 땅에 제비들이 떠났다.'

이 소절은 계절의 변화와 떠나가는 제비들을 통해 이별의 감정을 상징적으로 담고 있다. 첫 부분은 고요하고 부드럽게 시작하며 'Par'를 '빠아르'로 약간 길게 하며 슬픔을 담아 자연스럽게 연결

해 주어야 한다. 'rondini론디니'의 'r' 발음을 굴려주며 이별의 고통
이 전해지도록 표현한다.

봄을 찾아 떠나는 제비들

'cercando primavere di viole, nidi d´amore e di felicità'
체르깐도　　브리마베레　　디 비오레　　니디　　띠모레　　에 띠　　펠리치따

'오랑캐꽃 사이에 봄을 찾아서, 행복한 사랑의 보금자리를 찾아
서.'

이 부분은 따뜻한 봄과 사랑을 찾아 떠나는 이미지를 담고 있다.
선율이 부드럽고 길게 이어지며 꾸밈음을 자연스럽게 처리하는 것
이 중요하다. 'felicità펠리치따'에서 감정을 깊게 실어 발음해야 노래
의 서정적인 매력이 극대화된다.

작은 제비의 떠남과 작별 인사

'La mia piccola rondine partì, senza lasciarmi un bacio,
라 미아　　삐꼴라　　론디네　　빠르띠　　쎈짜　　라샤르미　　운　　바치오
senza un addio partì.'
쎈짜　　운　　앗띠오　　빠르띠

'나의 정든 작은 제비도 나에게 키스도 남기지 않고 안녕의 인사
도 없이 떠났다.'

이 부분에서는 애절함과 이별의 아픔을 강조하며 발음을 끊기지
않게 부드럽게 이어주는 것이 중요하다. 'rondine론디네'의 '론' 발
음을 집중해서 부르고 'bacio키스'와 'addio작별'는 감정적으로 중

요한 단어이므로 부드럽게 표현하면서도 발음의 정확성을 유지해
야 한다.

후렴: 나를 잊지 말아달라는 간절한 부탁

'Non ti scordar di me, la vita mia è legata a te.'
논 띠 스코르다르 디 메 라 뷔따 미아 에 레가따 아 떼

'나를 잊지 말아줘, 내 삶은 그대와 얽혀 있어.'

이 구절은 곡의 핵심 메시지를 담고 있다. 감정을 절제하면서도
깊이 있는 목소리로 전달해야 하며 'scordar'의 'r' 발음을 굴려서
정확하게 소화해야 한다. 여기서 호흡을 충분히 준비하여 감정의
흐름이 끊기지 않도록 해야 한다.

사랑의 꿈과 기억 속 그대

'Io t´amo sempre più, nel sogno mio rimani tu. Non ti
이오 띠모 쎔쁘레 삐우 넬 쏘뇨 미오 리마니 뚜 논 띠
scordar di me, la vita mia è legata a te.'
스꼬르다르 디 메 라 뷔따 미아 에 레가따 아 떼

'나는 더욱 그대를 사랑해, 그대는 언제나 내 꿈속에 남아 있어.
나를 잊지 말아줘, 내 삶은 그대와 얽혀 있어.'

부드러운 꾸밈음을 살리며 'sogno꿈' 같은 단어를 길게 끌어 여
운을 남기는 것이 중요하며 'la vita mia è legata a te라 뷔따 미아 에
레 가따 아 떼'를 더욱 애절하게 표현해야 한다.

마지막 클라이맥스와 마무리

'c′è sempre un nido nel mio cuor per te, non ti scordar
체 쎔쁘레 운 니도 넬 미오 꾸오르 뻬르 떼 논 띠 스꼬르다르
di me.'
디 메

'내 마음속에는 언제나 당신을 위한 보금자리가 있어요. 나를 잊지 말아줘요.'

마지막 부분은 곡의 감정적 정점을 찍는 대목이다. 호흡 조절이 중요하며 발음과 음정에 집중해 곡의 여운을 남겨야 한다. 'c′è sempre un nido체 쎔쁘레 운 니도'의 고음을 제대로 내줘야 하며 두 번째 후렴의 마지막 'non ti scordar di me논 띠 스꼬르다르 디 메'는 한 음 한 음 정확히 발음하며 호흡을 충분히 하고 '디메'보다 '디이메'로 고음으로 질러주어야 한다.

🎼 무정한 마음(Core′ngrato)

2020년 겨울 필자가 운영하는 성악 오페라 최고위과정의 졸업 공연이 압구정 장천홀에서 열렸다. 코로나로 인해 어려운 상황이 었음에도 불구하고 지인들과 가족들이 객석을 가득 메워주었고 그들의 따뜻한 응원에 보답하고자 무대에 오른 24명의 출연자들은 각기 다른 노래 경험과 직업을 가지고 있었음에도 모두 최선을 다해 눈부신 투혼을 발휘했다.

대부분의 출연자가 무대에 처음 서는 것이어서 혹시 너무 긴장해 실수하거나 중도에 포기하지 않을까 걱정이 앞섰다. 그러나 걱정

과 달리 출연자들은 리허설 때보다
훨씬 높은 집중력을 발휘하며 무대
를 완벽히 소화해 냈다. 그들의 노
래를 들으며 필자는 비전공자들의
무대가 그저 음악을 넘어서 그들이
살아온 인생 이야기를 말하는 것처
럼 느꼈다.

〈무정한 마음〉을 부르는 테너의 모습

무대를 바라보던 순간 필자가 성악을 시작한 지 3개월 만에 같은
무대에 섰던 추억이 주마등처럼 스쳐 지나갔다. 그때 무모하게 도
전했던 곡은 바로 '카타리'로도 잘 알려진 〈무정한 마음Core' ngrato,
꼬렌그라또〉이었다. 처음 무대에 서는 설렘과 두려움이 공존했던 그
날 이 노래로 첫 무대를 시작하며 가슴 벅찬 감정을 느꼈고 그 후로
필자에게 특별한 의미를 지닌 노래가 되었다. 지금도 이 곡을 부르
며 그때의 감정을 자주 되새기곤 한다.

이 노래는 작곡가 살바토레 까르딜로Salvatore Cardillo가 작곡한 곡
으로 떠나간 연인에 대한 원망과 실연의 상처를 노래한다. 단순한
이별의 슬픔을 넘어 이루지 못한 사랑에 대한 깊은 비통함을 담고
있어 듣는 이들의 마음을 가슴 깊이 울린다.

까르딜로는 나폴리에서 피아노와 오케스트라 지휘를 공부하던
중 이 곡을 발표했으나 당시 평론가들로부터 저속하다는 평가를
받으며 고향에서는 주목받지 못했다. 결국 까르딜로는 고향에서
유명해질 수 없다는 한계를 깨닫고 더 큰 기회를 찾기 위해 미국으

로 이민을 떠났다.

그러나 〈무정한 마음〉은 미국에 정착한 이민자들의 가슴을 울리며 큰 인기를 얻게 되었고 시간이 흐르며 다시 나폴리에서도 널리 유행하게 되었다. 이 곡이 더욱 널리 사랑받게 된 계기는 세계적인 성악가 엔리코 카루소Enrico Caruso의 열창 덕분이었다. 카루소가 무대에서 이 곡을 부른 이후 〈무정한 마음〉은 테너들이 가장 애창하는 곡으로 자리 잡게 되었다.

곡 해석과 연주 전략: 〈무정한 마음(Core´ ngrato)〉

이 노래는 다단조, 4/4박자의 곡으로 천천히 감정을 넣어 부르는 것이 중요하다. 이 곡은 이별의 슬픔과 원망 그리고 억누를 수 없는 사랑의 아픔을 동시에 담고 있으며 노래는 전주에서부터 후반부의 멜로디가 등장하며 실연의 아픈 감정을 준비하게 한다. '무정한 마음이여, 너는 내 마음을 빼앗아 갔구나. 모든 것이 끝났다'라는 메시지를 담아 이별의 아픔을 시작부터 강하게 전달해야 한다.

'Catarì, Catarì'
깟따리　　깟따리

떠나간 연인의 이름을 애절하게 외치는 부분이다. 첫 음에 붓점을 둔 듯 부르면 더욱 효과적이다. 이 부분은 연인을 부르는 소절이기에 슬픔과 원망을 담아 끊어지듯 부드럽게 발음하는 것이 좋다.

'Pecchè me dice sti parole amare?'
뻭께　메　디체　스띠　빠롤레　　아마레

'왜 나에게 그런 쓰디쓴 말을 하나요?'라는 뜻으로 원망을 담아 리드미컬하게 불러야 한다. 'Pecchè뻭께'를 짧고 강하게 내뱉고 'amare아마레'에서는 애절함을 더해 길게 끌어준다.

'Pecchè me parle e´core me turmiente, Catarì?'
뻭께   메   빨레   에꼬레   메   뚜르미엔떼   깟따리

'왜 나를 괴롭히는 말을 하는 거죠, 카타리?'

이 구절에서 'turmiente뚜르미엔떼'는 고통을 담아 울부짖듯 불러야 하며 감정의 고조가 중요하다.

'Nun te scurdá ca t´aggio date ´o core, Catarì Nun te
눈   떼 슈꾸르다 까 따지오   다떼 오 꼬레   깟따리   눈 떼
scurdá'
슈꾸르다

'내가 너에게 마음을 준 걸 잊지 마, 카타리.'

단호하고 강하게 발음하여 감정의 깊이를 전달하며 'scurdá'를 '슈꾸르다'로 느리게 부른다.

'Catarì, Catarì, che vène a dicere stu parlà ca me dà
깟따리   깟따리   께   베나 아 디체레 스뚜 빨라 까 메 다
spàseme?'
스빠제메

'왜 나를 이렇게 고통스럽게 하는 말을 하나요?'

감정이 고조되며 점점 빠르고 격정적으로 부르며 연인의 냉정함에 대한 분노와 슬픔을 담아야 한다. 보통 다음절의 'Tu뚜'까지 이어 부르고 호흡하고 'nun ce눈체'를 부른다.

'Tu nun ce pienze a stu dulore mio'
뚜 눈 체 삐엔쩨 아 스뚜 둘로레 미오

'너는 내 고통을 전혀 생각하지 않는구나.'

이 부분에서는 'stu dulore mio스뚜 둘 로레 미오'를 리듬감 있게 끊어 부른다.

'Tu nun ce pienze, tu nun te ne cure'
뚜 눈 체 삐엔쩨 뚜 눈 떼 네 꾸레

'너는 내 아픔을 신경 쓰지 않는구나.'

반복되는 가사를 통해 감정을 고조시키며 'cure꾸레'에서 냉정한 연인에 대한 원망을 담아 길게 끌어준다.

'Core, core ´ngrato, t´aie pigliato ´a vita mia'
꼬레 꼬레 응그라또 따이예 삘리아또 아 뷔따 미아

'무정한 마음이여, 너는 내 인생을 빼앗아 갔구나.'

곡의 하이라이트 부분으로 깊은 숨을 비축한 후 강렬하게 내지르듯 발음해야 한다. 'Core ´ngrato꼬레 응 그라또'는 분노와 절망을 표현하며 쏟아내듯 부르고 'grato그라아또' 부분에서는 혀를 굴리며 멋지게 꾸밈음을 넣어 감정을 극대화한다. 't´aie pigliato'는 '따이예 삘리'는 빨리하고 '아'는 길게 끌어준다. 그리고 'vita뷔따'를 강조하여 탄식하듯 강렬하게 표현한다.

'Tutt´è passato e nun´ce pienze cchiu'
뚜떼 빠싸또 에 눈체 삐엔쩨 끼유우우

'모든 것이 지나갔는데, 너는 더 이상 생각하지 않는구나.'

이 마지막 부분은 곡의 슬픈 여운을 남기며 부드럽게 마무리한다. 반복되는 마지막 'pien삐엔'을 고음으로 정확히 내어 무대 위에서 뜨거운 박수를 받을 수 있도록 해야 한다. 고음을 내기 위해서는 'toe또에' 음을 디딤돌처럼 사용하여 호흡을 내리면서 부르면 자연스럽게 음이 나오니 자신감을 가지고 질러주는 것이 좋다.

외국 가곡 부르기

🎼 독일 가곡 슈베르트의 세레나데(Ständchen)

독일 가곡 중 대표적인 작품으로는 학생 시절에 익힌 〈그대를 사랑해Ich liebe dich〉가 있다. 이 외에도 〈음악에 붙임An die Musik〉, 〈보리수Der Lindenbaum〉, 〈송어Die Forelle〉 같은 작품들이 있지만 모임이나 공연에서 청중에게 익숙하고 감동을 주기 위해서는 슈베르트의 〈세레나데Ständchen〉을 선택하는 것이 좋다. 이 곡은 노래 부르는 즐거움을 주면서도 청중의 환호를 받을 수 있는 곡이다.

'세레나데Serenade'라는 단어는 이탈리아어로 '저녁의 음악'이라는 뜻을 지니며 사랑하는 사람의 창가에서 고백할 때 부르는 노래를 의미한다. 한자로는 '소야곡小夜曲'이라 부르고 독일어로는 '슈

세레나데 부르는 모습

텐첸Ständchen'이라고 한다. 이 곡은 슈베르트의 연가곡집 〈백조의 노래Schwanengesang〉에 포함된 4번 곡으로 슈베르트가 생애 마지막 시기에 작곡한 작품 중 하나이다. 그 때문인지 곡 전체에 애절한 감정이 흐르고 있으며 깊은 여운을 남긴다.

슈베르트는 경제적 어려움 속에서 음악가로서 첫발을 내디딘 시기에 노래를 잘하는 테레제Therese라는 여인을 사랑하게 되었으나 어려운 상황 때문에 결혼으로 이어지지는 못했다. 이 곡은 그가 테레제를 향해 마음을 고백하기 위해 만든 곡이 아니었을까 하는 생각이 들기도 한다.

슈베르트의 〈세레나데〉는 부드러운 선율 속에 애절함과 사랑의 아쉬움이 담겨 있다. 청중 앞에서 이 곡을 부를 때는 과도한 감정 표현보다는 절제된 섬세함이 더 잘 어울린다. 마치 속삭이듯 부드럽게 고백하는 마음으로 노래하면 곡이 가진 감정이 청중에게 더 잘 전달될 것이다. 이 곡을 부르며 슈베르트의 마음을 느끼고 청중과 순간의 감동을 나눌 수 있다면 그것만으로도 특별한 무대가 될 것이다.

곡 해석과 연주 전략: 슈베르트의 〈세레나데(Ständchen)〉

슈베르트의 〈세레나데〉는 4분의 3박자에 다단조로 구성되며 사랑을 고백하는 애절한 마음을 표현하는 데 중점을 두어야 한다. 이 곡을 효과적으로 부르기 위해서는 독일어 발음이 정확해야 하며 감정과 의미가 곡에 잘 녹아들 수 있도록 섬세하게 연출하는 것이 중요하다.

첫 번째 소절: 사랑의 고백이 담긴 부드러운 시작

'Leise flehen meine Lieder durch die Nacht zu dir,
라아이제 플리헨 마아이네 리더어 둘흐 디 나흐트 쭈 디르
In den stillen Hain hernieder, Liebchen, komm' zu mir!'
인 덴 슈틸렌 하아이네 니 더어 립첸 콤 쭈 미르

'나의 노래들이 조용히 밤을 가로질러 너에게 다가간다. 고요한 숲 아래로 내려와, 사랑하는 그대여, 내게 와 줘.'

'Leise'를 '라아이제'로 부드럽게 시작하고 'meine'를 '마아이네'로 발음해 감정이 담긴 고백을 자연스럽게 전해야 한다. 'Nacht'는 '나흐트'로 빠르게 발음해 매끄럽게 넘어가고 'dir'는 '디르'에서 '디'를 끌며 여운을 주고 마지막에 '르'를 살짝 내주어야 한다. 이 소절은 조용하고 섬세하게 표현하여 사랑의 고백이 시작되는 순간을 부드럽게 열어간다.

두 번째 소절: 달빛과 속삭임 속의 나뭇가지

'Flüsternd schlanke Wipfel rauschen in des Mondes
플뤼스턴 슐란케 비펠 라우쉔 인 데스 몬데스
Licht, in des Mondes Licht,
리히트 인 데스 몬데스 리히트
Des Verräthers feindlich Lauschen fürchte, Holde, nicht.
데스 페레테스 화인트리히 라우쉔 휘흐테 홀데 니히트
fürchte, Holde, nicht.'
휘흐테 홀데 니히트

'가냘픈 나뭇가지들이 달빛 속에서 속삭이듯 흔들린다. 배신자의 적대적인 속삭임을 두려워하지 마, 사랑스러운 이여.'

'Flüsternd플뤼스턴'를 가볍게 발음하여 속삭이는 듯한 느낌을 살

리고 'Licht'와 'nicht'를 '리히트'와 '니히트'로 부드럽게 끌어 여운을 남긴다. 이 소절은 은은한 달빛과 속삭이는 나뭇가지의 분위기를 살려 지나치게 강하지 않고 섬세하게 표현해야 한다. 두 번째 'Holde훌데'의 고음에서는 호흡을 아래로 내리며 질러주면 효과적이다.

세 번째 소절: 나이팅게일의 탄식

'Hörst die Nachtigallen schlagen? Ach! sie flehen dich,
회으슡 디 나흐티갈렌 슐라겐 아흐 지 플리헨 디히
Mit der Töne süßen Klagen flehen sie für mich.'
밑 데어 퇴네 쉬쎈 클라겐 플리헨 지 휘르 미히

'들리니, 나이팅게일들이 울고 있는 소리가? 아, 그들이 너를 부르고 있어. 달콤한 탄식의 소리로 그들이 나를 대신해 너에게 애원한다.'

'Hörst die Nachtigallen schlagen?회으슡 디 나흐티갈렌 슐라겐'은 첫 소절과는 달리 아련하게 부른다. 'Nachtigallen나흐티갈렌'을 피아노처럼 부드럽게 표현하여 새소리가 들리는 듯하게 연출하고 'Ach!아'는 짧고 강하게 불러 감정의 순간을 표현한다. 이 구절은 자연과 사랑의 감정이 교차하는 장면으로 나이팅게일 울음소리를 생생하게 전달하여 고백의 분위기를 강화해야 한다.

네 번째 소절: 사랑의 고통과 은빛 선율

'Sie verstehn des Busens Sehnen, kennen Liebes
지　페어스텐　데스　부젠스　지흐넨　켄넨　리베스
Schmerz kennen Liebes Schmerz,
슈메르츠　켄넨　리베스　슈메르츠
Rühren mit den Silbertönen jedes weiche Herz. jedes
뤼렌　밑　데어　질베어 퇴넨　예데스　바이케　헤르츠　예데스
weiche Herz.'
바이케　헤르츠

'그들은 가슴속 그리움을 이해하고, 사랑의 고통을 안다. 은빛의 선율로 부드러운 마음을 울리며 감동을 준다.'

'Rühren뤼렌'에서는 첫 번째 'R' 발음을 굴려주고 'Silbertönen 질베어 퇴넨'은 부드럽게 끌어준다. 두 번째 소절처럼 고음은 호흡을 내리며 질러준다. 이 구절에서는 사랑의 그리움과 아픔을 담아 감정을 깊이 있게 표현하는 것이 중요하다.

마지막 소절: 결연한 고백과 여운

'Laß auch dir die Brust bewegen, Liebchen, höre mich!
라스　아우흐　디어　디　브루스트　베비겐　립첸　회르　미히
Bebend harr' ich dir entgegen, komm, beglücke mich!
삐벤트　하르　이히　디어　엔트기겐　콤　베클뤼케　미히
komm, beglücke mich! beglücke mich!'
콤　베클뤼케　미히　베클뤼케　미히

'너의 가슴도 내 가슴처럼 움직이게 해 줘, 사랑스러운 이여 내 말을 들어줘! 나는 떨리는 마음으로 너를 기다리며 나를 행복하게 해 줘!'

마지막 소절에서 'Laß auch dir die Brust bewegen라스 아우흐 디

어 디 부르스트 베비겐'은 빠르게 발음해야 하므로 여러 번 연습해 매끄럽게 부르는 것이 좋다. harr' ich하르이히'를 자연스럽게 이어주고 'komm, beglücke mich!콤 베클뢱케 미히'는 확신에 찬 음색으로 절정의 순간을 고조시킨다. 마지막 'beglücke mich!베클뢱케 미히'에서는 고백의 절정이 지속될 듯 끝나도록 표현하며 마지막 음을 조금 올려 음이 떨어지지 않게 불러 여운을 남긴다.

🎼 프랑스 샹송 사랑의 찬가(Hymne à l'amour)

2024년 파리 올림픽 개막식에서 에펠탑을 배경으로 펼쳐진 셀린 디옹Celine Dion의 공연은 전 세계인에게 잊지 못할 감동을 선사했다. 그녀는 온몸이 굳어가는 희귀병스티프-퍼슨 증후군을 앓고 있음에도 불구하고 기적적으로 〈사랑의 찬가Hymne à l'amour〉를 불러 전 세계인의 마음을 울렸다. 나에게도 이 노래는 젊은 시절의 추억을 떠올리게 했고 공연 이후 그 선율이 계속 마음에 남아 새벽 산책에서 계속 흥얼거렸다.

2024 파리 올림픽 개막식 공연하는 셀린 디옹

이 노래는 프랑스의 대표적 샹송 가수 에디프 삐아프Édith Piaf가 세계 복싱 챔피언 마르셀 세르당Marcel Cerdan과의 사랑을 기념하며 탄생시킨 곡이다. 단순한 연애 감정을 넘어 삶과 사랑, 이별과 고통을 깊이 있게 담

벨라비타 수업에서 샹송을 가르치는 샹송가수 지도교수 무슈고

아낸 곡으로 평가받고 있다. 삐아프는 한때 그녀를 스타로 이끌었던 이브 몽땅Yves Montand과의 관계를 정리한 후 마르셀 세르당과 열정적인 사랑에 빠졌다. 두 사람의 사랑은 매우 깊었고 서로에게 큰 의지가 되었다. 하지만 비극은 갑작스럽게 찾아왔다. 세르당이 삐아프의 요청으로 미국으로 향하던 중 비행기 추락 사고로 목숨을 잃은 것이다.

이 충격적인 사고 이후 삐아프는 깊은 절망과 죄책감에 시달렸다. 하지만 그녀는 사랑했던 연인을 기억하며 그를 잊지 않기 위해 〈사랑의 찬가〉의 가사를 직접 썼고 마르그리트 모노Marguerite Monnot가 이 가사에 곡을 붙여 완성했다. 이 노래는 사랑에 대한 영원한 서약처럼 세상을 떠난 후에도 그녀의 마음속에 남아 있는 순수한 사랑을 담고 있다.

수십 년이 지난 지금까지도 이 곡은 많은 사람들에게 사랑과 희망의 상징으로 자리 잡고 있다. 다양한 가수와 음악가들이 이 노래를 자신만의 방식으로 재해석해 왔으며 그중에서도 셀린 디옹이 병을 딛고 부른 이번 공연은 단순한 노래를 넘어 삶과 고통 속에서 피어난 희망의 메시지로 사람들에게 전해졌다.

곡 해석과 연주 전략: 〈사랑의 찬가(Hymne à l'amour)〉

이 노래는 내림 마장조와 4/4박자로 구성되며 A-B-A' 형식을 따른다. 멜로디가 반복되면서 감정이 점차 고조되는 특징을 지니며 각 부분에서 변주를 주어 같은 멜로디라도 새로운 감정과 뉘앙스를 전달한다. 이 곡은 단순한 멜로디에 깊은 감정과 열정이 깃들어 있으며 프랑스어 원어로 부를 때 그 감성과 리듬이 더욱 풍부하게 표현된다. 발음의 길고 짧음과 강세를 통해 프랑스어 특유의 정서를 잘 살려 부르면 이 곡이 가진 애절함과 감정의 깊이를 극대화할 수 있다.

프랑스어는 발음이 어렵다. 프랑스어의 'r' 발음은 영어의 'r'과 다르고 목구멍에서 만들어지는 후음이다. 목구멍 깊은 곳에서 소리가 나도록 위치를 잡고 혀는 입천장에 붙이지 않고 편안하게 놓아야 한다. 공기를 목구멍 뒤쪽으로 내보내면서 성문 근처가 진동하게 만들어야 한다. 물을 가글할 때처럼 목구멍 뒤쪽에서 'ㄹ' 또는 'ㅎ' 소리를 내며 진동을 연습한다. 에디프 삐아프는 'r' 발음을 'ㄹ'로 소리 내며 굴려준다. 보통 프랑스 남부 지방 사람들이 이탈리아 영향으로 '르' 발음으로 한다는데 언어와 발음은 시대에 따라 조금씩 달라진다 한다.

A 파트: 사랑의 힘을 통한 위로

'Le ciel bleu sur nous peut s'effondrer, Et la terre peut
르 씨엘 블루 쉬흐 누 뿌 쒜펑드레 에 라 떼흐 뷰
bien s'écrouler.
비앙 쎄쿨레
Peu m'importe si tu m'aimes. Je me fous du monde
뻐 망뽀르뜨 씨 뚜 멤머 줘 마 부 뒤 멍덩
entier.'
띠에

'하늘이 무너져 내리고 땅이 꺼져버린다 해도 그대 나만을 사랑한다면 아무 두려움 없어요.'

이 구절에서는 부드럽게 시작하되 가사에 담긴 비통함과 강한 의지를 전달해야 한다. 's'effondrer쒜펑드레'와 's'écrouler쎄쿨레' 같은 단어는 프랑스어의 리듬감을 살려 툭툭 끊어지듯 발음하는 것이 좋다. 'monde entier멍덩띠에'에서는 'monde' 발음이 '몽'과 '멍'의 중간인데 '멍'으로 표시하고자 한다.

"Tant que l'amour inondera mes matins, Tant que mon
떵 끄 라무흐 이농드라 메 마땅 떵 끄 몽
corps frémira sous tes mains.
꼬흐 프헤미라 쑤 떼 망
Peu m'importe les problèmes, Mon amour, puisque tu
뻐 망뽀르뜨 레 쁘로블렘머 모 나무흐 쀠스끄 뛰
m'aimes."
멤므

'사랑이 내 아침을 적셔줄 동안, 내 몸이 당신의 손길에 떨릴 동

안, 그대만 나를 사랑한다면 어떤 문제도 상관없어요.'

'frémira후헤미라'에서는 가사에 담긴 떨림과 설렘을 목소리로 표현하며 리듬감 있게 부른다. 'problèmes쁘로블렘'에서는 단어를 또렷하게 발음하여 문제를 넘어서고자 하는 의지를 담아낸다. 감정이 점진적으로 고조되므로 목소리에 강약을 조절해 표현해야 한다.

B 파트: 절대적 헌신과 희생

'J'irais jusqu'au bout du monde. Je me ferais teindre en
쥐레　　쥐스끄　부 띠 멍드　쥐 므 쁘레　땅드 엉
blonde,
블롱드
Si tu me le demandais.
시 뚜 머 레　드멍데
J'irais décrocher la lune. J'irais voler la fortune,
쥐레　데크로셰　라 뤼느　쥐레　뷜레 라 보르뛴느
Si tu me le demandais.
시 뚜 머 레　드멍데
Je renierais ma patrie, Je renierais mes amis, Si tu me le
쥬　르니에흐　마 빠트리 쥬 르니에흐　메 자미 시 뚜 머 레
demandais.
드멍데
On peut bien rire de moi, Je ferais n'importe quoi. Si tu
옹 뿌 비앙 히르 드 무와 쥬 쁘레　낭보르뜨　꾸아 시 뚜
me le demandais.'
머 레　드멍데

'세상 끝까지 따라가겠어요. 그대가 원한다면 머리카락도 금발로 염색하겠어요. 당신이 원한다면 달을 따와도 좋고 행운을 훔쳐와도 좋아요. 당신이 원한다면 조국도 버리고 친구도 버리겠어요. 모두가 나를 비웃어도, 그대가 원한다면 무엇이든 하겠어요.'

이 부분은 절박한 감정을 담아 헌신의 강렬함이 청중에게 전달

되도록 울부짖듯이 부른다. 'J'irais쥐레'와 'teindre en blonde땅
뜨엉 블롱드'와 같은 구절에서는 결단력을 담아 끊어 부르는 것이 좋
다. 'On peut bien rire de moi옹 뿌비앙 히르드 무와'에서는 툭툭 끊어
지는 발음으로 세상 사람들이 나를 비웃어도 상관없다는 냉정함과
체념을 담아 부른다. 'Je ferais n'importe quoi쥬쁘레 낭뽀르뜨 꾸아'
에서는 단어마다 강세를 주며 어떠한 어려움도 감수하겠다는 결단
을 표현한다. 이 구절은 감정의 절정으로 가는 전환점이므로 점진
적으로 목소리에 힘을 실어야 한다.

A' 파트: 사랑의 영원함과 결연한 의지

'Si un jour, la vie t'arrache à moi, Si tu meurs, que tu
씨 엉 쥬흐 라 뷔 따라쉬 아 무아 시 뚜 머흐 끄 뛰
sois loin de moi.
쓰와 르와 드 므와
Peu m'importe, si tu m'aimes, Car moi je mourrai aussi.
뻐 망뽀르뜨 시 뚜 멤머 까르 모아 쥬 무헤 오씨
Nous aurons pour nous l'éternité, Dans le bleu de toute
누 저홍 뿌르 누 레떼르니떼 덩 르 블루 드 뚜뜨
l'immensité.
리멍씨떼
Dans le ciel, plus de problèmes. Mon amour, crois-tu
덩 르 씨엘 쁠뤼 드 쁘로블레머 모 나무흐 끄르와 뛰
qu'on s'aime.
꽁 쎔므
Dieu réunit ceux qui s'aiment.'
디유 레위니 써 끼 쎔므

'언젠가 운명이 우리를 갈라놓고 당신이 세상을 떠난다 해도, 당
신이 나를 사랑했다면 상관없어요. 죽음 없는 그 세상에서 우리 다
시 만나는 그날 그대만 날 사랑한다면 영원 끝까지 가리라, 나도 그

뒤를 따르겠어요. 신이 우리를 하나로 이어줄 거예요.'

이 구절에서는 운명과 죽음조차 사랑을 막을 수 없다는 절대적인 사랑의 선언이 담겨 있다. 'Si un jour씨엉쥬흐'로 시작하는 이 구절은 삶의 불확실성과 이별을 다루고 있다. 'Peu m´importe si tu m´aimes, Car moi je mourrai aussi뻐 망뽀르뜨 시 뚜 멤머, 까르 모아 쥬 무헤 오씨'는 '당신이 나를 사랑했다면 나도 그 뒤를 따르리라'는 강렬한 메시지를 담고 있으며 연인을 향한 헌신과 영원한 동반자로서의 의지를 나타낸다.

마지막 구절인 'Dieu réunit ceux qui s´aiment디유 레위니 써 끼 쎔므'은 '신은 사랑하는 이들을 다시 모아 주신다'는 뜻으로 사랑이 종교적이고 영적인 차원에서까지 영속적임을 의미한다.

3
오페라 아리아 부르기

오페라 아리아 이해하기

오페라는 음악, 연기, 무대미술, 의상 등이 결합된 종합 예술 형태로 연극과 음악의 융합이다. 대본리브레토에 따라 이야기가 진행되며 등장인물들이 음악을 통해 감정을 표현한다. 주요 구성 요소는 서곡, 아리아, 레치타티보말하듯 부르는 부분, 합창 등으로 이루어져 있다. 이탈리아, 프랑스, 독일 등이 오페라 발전에 중요한 역할을 했으며 모차르트, 바그너, 베르디, 푸치니 등이 대표적인 작곡가다.

아리아는 오페라의 중요한 음악적 요소로 등장인물의 감정을 깊이 있게 표현하는 독창곡이다. 극의 주요 순간에 등장하며 멜로디와 가사가 아름답고 극적인 분위기를 강조한다. 감정을 전달하는 데 중점을 두어 종종 성악 기교와 연기의 조화를 요구한다. 오페라

에서 아리아와 레치타티보는 서로 다른 기능을 한다. 레치타티보는 대화나 설명 역할을 하며 극의 전개를 빠르게 전달하는 반면 아리아는 주인공의 감정을 깊이 있게 표현하며 오페라의 이해를 돕는다. 이를 통해 관객은 주인공의 내면을 들여다보고 인물들과 정서적으로 연결될 수 있다.

테너 성악가들이 도전하는 주요 아리아

〈남몰래 흐르는 눈물Una Furtiva Lagrima〉

도니제티의 오페라 《사랑의 묘약L´Elisir d´Amore》에서 주인공 네모리노가 자신의 사랑이 이루어졌음을 깨닫고 느끼는 기쁨을 섬세하게 표현한다.

〈별은 빛나건만E lucevan le stelle〉

푸치니의 《토스카Tosca》에서 형장에 가기 전 사랑하는 토스카를 떠올리며 부르는 절절한 곡으로 부드럽고 애절한 고음 표현이 돋보인다.

〈그대의 찬손Che gelida manina〉

푸치니의 《라 보엠La Bohème》에서 로돌포가 미미에게 고백하는 장면으로 테너의 순수한 감정 표현과 고음 처리가 돋보이는 곡이다.

바리톤 성악가들의 대표적인 아리아

〈투우사의 노래Votre toast, je peux vous le rendre〉

비제의 《카르멘Carmen》에서 투우사 에스카미요가 투우 경기의 승리를 자랑하는 곡으로 바리톤의 활기찬 표현력이 요구된다.

〈프로벤자 내 고향Di Provenza il mar〉

베르디의 《라 트라비아타La Traviata》에서 아버지 제르몽이 아들 알프레도를 고향으로 돌아가도록 설득하는 아리아로 부드럽고 절제된 감정 표현이 중요하다.

소프라노 성악가들이 부르기 좋아하는 아리아

〈오 사랑하는 나의 아버지O mio babbino caro〉

푸치니의《잔니 스키키Gianni Schicchi》에서 라우레타가 사랑을 허락해 달
라 애원하는 곡으로 소프라노의 섬세한 표현이 돋보인다.

〈울게 하소서Lascia ch′io pianga〉

헨델의《리날도Rinaldo》에서 알미레나가 부르는 슬픔의 아리아로 감정 깊은
표현이 필요하다.

〈내가 혼자 길을 걸을 때Quando m′en vo′〉

푸치니의《라 보엠La Bohème》에서 무제타가 자신의 매력을 과시하며 부르
는 곡으로 활발한 분위기 연출이 요구된다.

〈노래에 살고 사랑에 살고Vissi d′arte Vissi d′amore〉

푸치니의《토스카Tosca》에서 토스카가 예술과 사랑을 돌아보며 부르는 아리
아로 애절한 감정 표현이 중요하다.

〈하바네라Habanera〉

비제의《카르멘Carmen》에서 카르멘이 사랑의 변덕을 노래하며 자유로운 영
혼을 표현하는 곡으로 강렬한 표현력이 필요하다.

〈축배의 노래Brindisi〉

베르디의 《라 트라비아타La Traviata》에서 알프레도와 비올레타가 부르는 밝고 경쾌한 듀엣 아리아로 관객과 함께 즐기기 좋은 곡이다.

각 아리아는 주인공의 감정과 성격을 깊이 있게 전하며 성악가의 기술과 표현력이 중요하다. 오페라 아리아는 감정의 섬세한 변화와 극적 전개를 통해 오페라의 매력을 극대화한다.

아리아를 완벽히 부르기 위해서는 작품의 시대적 배경, 작곡가의 의도, 배역의 성격을 깊이 이해해야 한다. 이는 단순한 노래가 아닌 주인공의 감정을 극대화해 청중에게 전달할 수 있도록 돕는다. 전문 오페라 가수는 성악 발성의 공명 기술과 뛰어난 연기력을 통해 극적 표현을 강화하며 표정과 제스처로 캐릭터의 감정을 정확히 전달한다.

아마추어 성악가들도 이러한 준비가 필요하다. 가사의 감정과 흐름을 이해하며 주인공의 감정을 체화하는 연습이 중요하다. 가사를 반복해 소리 내어 읽으며 상상력을 키우는 것이 효과적이다. 또한 오페라의 구조를 이해하고 반복적으로 연습하며 노래하는 인물의 감정을 공감하고 청중에게 전달하는 과정이 중요하다.

오페라 아리아 부르기

♪ 남몰래 흐르는 눈물(Una Furtiva Lagrima)

성악 오페라 최고위과정의 졸업공연을 한 달 앞둔 1차 리허설에서 한 멤버가 자신감을 갖고 도니제티의 오페라 아리아 〈남몰래 흐르는 눈물Una Furtiva Lagrima〉에 도전하면서 한 여성 원우를 위해 이 곡을 부르겠노라 했다. 그는 열심히 연습했고 졸업공연에서 극 중 상황에 맞는 제스처와 열정을 보여 주었다. 비록 함께 노래하는 친구였지만 그가 쏟아낸 열정에 감동했고 그의 진심이 공연 내내 느껴져 모두가 박수를 보냈다.

이 노래는 도니제티의 오페라 《사랑의 묘약L'Elisir d'Amore》 제2막에서 주인공 네모리노가 부르는 유명한 테너 아리아이다. 순수하고 다소 어수룩한 시골 청년 네모리노는 부잣집 딸 아디나의 사랑을 갈망하며 여러 번 좌절하지만 결국 그녀의 마음이 자신에게 향하는 순간을 깨닫는다. 많은 사람들이 이 장면에서 네모리노가 자신의 감정에 복받쳐 흘린 눈물을 이야기하는 것으로 오해하지만 실은 아디나가 감동하여 흘리는 눈물을 본 네모리노가 사랑의 성취감을 느끼며 노래하는 장면이다.

Quelle festose giovani
유쾌한 젊은이들은

〈남몰래 흐르는 눈물〉을 부르는 벨라비타
주임교수 테너 하만택

곡 해석과 연주 전략: 〈남몰래 흐르는 눈물(Una Furtiva Lagrima)〉

이 아리아는 8분의 6박자와 내림 나단조로 구성되어 있으며 약간 느린 템포로 네모리노의 감정을 섬세하게 표현해야 한다. 사랑의 기쁨과 안도감을 담아내기 위해 매 구절마다 자연스러운 감정의 흐름을 유지하는 것이 중요하다.

이 아리아에서 가장 흥미로운 점은 '흘리는'과 '흐르는'이라는 표현의 미묘한 차이와 해석에 관한 논쟁이다. 원제목인 'Una Furtiva Lagrima'는 직역하면 '한 방울의 몰래 흘린 눈물'로 감정이 드러나는 순간을 은유적으로 표현한다. 그러나 이를 번역할 때 '흘리는'과 '흐르는' 중 어느 쪽이 더 적절한지는 해석자에 따라 다르며 두 표현 모두 감정 전달에 큰 문제가 없다고 여겨진다.

결과적으로 이 아리아는 단순한 사랑의 성취를 넘어 소박한 청년 네모리노의 내면 깊은 기쁨과 감정의 변화가 녹아 있는 명장면이다. 이를 부를 때는 기교와 감정을 조화롭게 표현하며 네모리노의 순수한 마음과 갑작스러운 기쁨을 극적으로 전달해야 한다.

감정의 시작과 기대감

이 곡은 전주부터 멜로디가 흐르며 감정과 리듬을 미리 잡아주기 때문에, 무대에 서는 순간부터 집중력을 높여야 한다. 첫 소절 'Una furtiva lagrima우나 푸르띠바 라그리마'는 '한 방울의 몰래 흘리는 눈물'이라는 뜻으로 소리가 부드럽게 흘러야 하며 이때 첫 음인 'U우'가 매우 중요하다. 포지션을 높이 두고 가볍게 소리를 던져 부담 없이 시작한다. 소리는 마치 농구에서 자유투를 던지듯 자연스러운 터치로 이어져야 하며 감정이 과하지 않게 섬세하게 조절해야 한다.

이어서 'Negli occhi suoi spuntò넬 욕끼 쑤오이 스뿐또', 즉 '그녀의 눈에서 반짝였네' 구절에서는 아디나의 눈에서 눈물이 맺힌 순간을 묘사한다. 이 부분에서는 가볍게 소리를 툭툭 던지듯 부드럽게 이어가며 눈물의 섬세한 이미지를 담아내며 감정을 담되 과하게 흘러넘치지 않도록 주의가 필요하다.

다음 구절 'Quelle festose giovani invidiar sembrò꿸레 훼스또제 죠바니 인비디아르 쎔브로'에서는 '즐거운 소녀들이 부러워하는 듯 보였네'라는 의미를 담아 고음과 저음을 명확하게 대비한다. 'festose훼스또제'에서 고음을 정확하게 질러 주며 자신감과 기쁨을 표현한다. 'invidiar인비디아르'에서 'in인'을 조금 길게 해주고 이어지는 'bro브로'에서는 저음을 확실하게 내려 안정감을 준다.

사랑의 성취와 내면의 환희

'Che più cercando io vo? Che più cercando io vo?께 뷰 체르까아안도 이오 보? 께 뷰 체르깐도 이오 보?', 즉 '무엇을 더 찾을까? 무엇을 더 찾을까?' 부분에서는 네모리노의 기쁨과 안도가 드러난다. 이 구절에서는 호흡을 깊게 준비하며 여유롭게 소리를 이어가야 하며 'cando깐도'에서 쉬고 호흡을 하고 'io vo이오 보'에 이어 다음 구절까지 애절하게 부른다.

'M´ama, sì, m´ama! lo vedo lo vedo마마, 씨, 마마 로 베도 로 베도'는
'그녀가 나를 사랑해!'라는 뜻으로, 이 아리아의 첫 번째 절정에 해
당한다. 'M´ama마마'를 반복하며 감정의 고조를 표현해야 한다. 이
때 고음을 매끄럽게 이어주는 것이 필수적이며 포지션을 높이 유지
한 상태에서 소리를 떨어뜨리지 않고 이어가야 한다. 그리고 두 번
째 'lo vedo로 베도'는 애절하게 부른다.

절정에서 애절함으로

후반부에서는 더욱 깊은 감정을 담아 부르며 곡의 흐름을 절정
으로 이끈다. 'Un solo istante i palpiti del suo bel cor sentir
운 쏠로 이스딴떼 이 빨비띠 델 수오 벨 꼬르 쎈띠르'에서는 '그녀의 아름다운 가
슴의 두근거림을 단 한순간이라도 느낄 수 있다면'이라는 의미를
담고 있다. 이 부분에서는 고음과 저음 사이를 오가며 호흡을 조절
하는 것이 매우 중요하며 감정의 흐름이 끊기지 않도록 호흡을 미
리 깊게 준비해야 한다.

'I miei sospiri confondere per poco a suoi sospir I pal-
pitu I palpiti sentir confondere I miei coi so suoi sospir
이 미에이 쏘스삐리 꼰뽄데레 뻬르 뽀꼬 아 쑤오이 쏘스삐르 이 빨비띠 빨비띠 쎈띠르 꼰뽄데
레 이 미에이 코이 쏘 쑤오이 쏘쓰삐르'는 '내 한숨이 그녀의 한숨과 잠시라도
섞일 수 있다면'이라는 뜻으로 이 구절에서는 한숨을 섞어 감정을
담아내는 것이 중요하다. 'poco'는 한숨을 쉬고 잠깐 멈추듯이 표
현하며 이 구절이 감정의 흐름에 부드럽게 이어지도록 해야 한다.

감정의 마무리와 여운

마지막 클라이맥스는 'Cielo! Si può morir! Di più non chie-do, non chiedo첼로! 씨 뿌어어 모리르! 디 삐우 논 끼에도, 논 끼에도'로, '하늘이여! 이제 죽어도 좋아!'라는 강한 감정을 담고 있다. 이 구절에서는 고음을 격정적으로 처리하며 감정이 절정에 도달했음을 표현한다. 'morir모리르'에서는 혀를 떨며 'r' 발음을 정확하게 내어 여운을 남겨야 한다.

이어지는 'Ah Cielo! Si può morir Di più non chiedo, non chiedo아 치엘로 씨 뿌어씨 뿌어 모리르, 디 삐우 논 끼에도, 논 끼에도'는 '나는 더이상 바랄 것이 없다'라는 의미로 반복되는 첫 번째 'non chiedo'는 고음으로 질러주고 두 번째 'non chiedo'는 카덴차로 세 구간의 계단을 올라간 다음 천천히 내려온다고 생각하고 꾸며 불러야한다. 이 구절에서 네모리노의 기쁨과 만족감을 마치 물결처럼 표현해야 하며 소리가 자연스럽게 흐르도록 반복적인 연습이 필요하다.

마지막 구절 'Si può morir, Si può morir, da morir씨 뿌어 모리르, 씨 뿌어 모리르, 다 모리르'에서는 감정을 자제하며 흐느끼듯 부드럽게 마무리한다. 반주가 끝날 때까지 자세를 유지하며 긴장감을 놓치지 않는 것이 중요하며 계속 나오는 'r' 발음은 정확히 내어 곡의여운을 극대화해야 한다.

🎼 오 사랑하는 나의 아버지(O mio babbino caro)

지난 추석 연휴 동안 이탈리아 여행을 다녀오면서 성악과 여행이 결합된 특별한 경험을 했다. 성악에 입문한 후 버킷 리스트로 삼아온 베니스의 곤돌라에서 이탈리아 가곡을 부르는 꿈을 이뤘다. 곤돌라를 타고 잔잔한 물길을 따라가며 노래를

〈오 사랑하는 나의 아버지〉를 부르는 벨라비타 지도교수 소프라노 김미주

부르니 주변 사람들이 뜨거운 반응을 보였고 그들의 박수를 받으며 노래의 힘과 즐거움을 다시금 느꼈다.

이탈리아에서 또 하나의 특별한 순간은 피렌체에서였다. 피렌체는 르네상스의 발상지로 역사적 유물이 가득한 도시다. 이곳에서 방문한 베키오 다리는 푸치니의 오페라 《잔니 스키키》에 나오는 아리아 〈오 사랑하는 나의 아버지O mio babbino caro〉의 배경과 연결된다.

이 아리아는 사랑을 위해 아버지를 설득하려는 라우레타의 간절한 마음을 담고 있다. 여행 중에 뽀르따 롯싸Porta Rossa 보석가게도 가보고 베키오Vecchio 다리 위에서 아르노강을 내려다보며 가사의 감정을 떠올리니 오페라 속 주인공의 심정을 조금은 이해할 수 있었다. 비록 그 순간 노래를 부르지는 못했지만 오페라 내용을 되새기며 가사에 담긴 감정을 음미하는 경험이 인상적이었다.

푸치니의 희극 오페라 《잔니 스키키》에 나오는 아리아 〈오 사랑하는 나의 아버지〉는 푸치니 작품 중 유일하게 희극적 요소가 두드러진 오페라에 속한다. 이 곡은 가사와 멜로디의 묘한 엇박자로 유명하다. 멜로디는 서정적이지만 가사의 내용은 현실적인 갈등과 희극적 요소를 담고 있어 상반된 매력을 지닌다. 이 아리아는 사랑에 빠진 소녀 라우레타가 아버지 잔니 스키키에게 결혼을 허락해 달라며 간청하는 내용으로 단순히 부드럽게만 부르는 것이 아니라 상황에 맞게 여러 감정을 표현해야 한다.

마리아 칼라스와 같은 전설적인 소프라노들은 이 곡을 부를 때 표정과 제스처에 집중했다. 사랑에 빠진 소녀처럼 미소를 지으며 노래하다가 '죽겠다'고 할 때는 진지한 표정으로 돌변하며 극적인 전환을 보여주었다. 이처럼 감정의 대조가 핵심인 아리아인 만큼 단순히 서정적인 멜로디를 부르는 것 이상의 연기와 감정 전달이 중요하다. 제목이 〈오 사랑하는 나의 아버지〉이지만 어버이날에 이 곡을 부르는 것은 적절치 않다는 농담 섞인 비판도 있다. 아버지를 상대로 사기 행위를 요구하는 딸의 협박과 애원이 담겨 있기 때문이다.

곡 해석과 연주 전략: 〈오 사랑하는 나의 아버지(O mio babbino caro)〉

이곡은 내림 가장조와 경쾌한 왈츠 리듬의 8분의 6박자 그리고 Andantino Ingenuo순수하고 부드럽게, 즉 지나치게 빠르거나 극적인 표현을 피하고 사랑스러운 느낌을 유지해야 한다.

첫 소절 'O mio babbino caro, mi piace è bello, bello오 미오 밥삐노 까로, 미 삐아체 에 벨로, 벨로'의 뜻은 '오 사랑하는 나의 아버지, 나는 그를 사랑해요. 그는 참 멋진 사람이에요.'라는 의미로 라우레타가 사랑에 빠진 감정을 가득 담아 부른다. 여기서 'babbino밥삐노'처럼 자음이 겹치는 발음은 명확히 내야 하며 'piace삐아체'와 같은 경음은 정확하게 발음해야 한다. 또한 'bello벨로'를 부를 때 음을 위로 밀지 않고 자연스럽게 멀리 보내듯 부드럽게 처리해야 한다.

다음 소절 'Vo´ andare in Porta Rossa a comperar l´anello! Sì, sì, ci voglio andare보 안다레 인 뽀르따 롯싸 아 꼼뻬라르 랄라넬로! 씨, 씨, 치 볼리오 안다레!'의 의미는 '반지 사러 Porta Rossa에 갈 거예요. 네, 꼭 갈 거예요!'라는 내용이다. 이 구절에서는 결혼 준비에 대한 라우레타의 설렘과 기대를 여유롭게 표현해야 한다. 'Porta Rossa뽀르따 롯싸'와 같은 지명은 명확하게 발음하며 소리를 부드럽게 연결해 노래의 흐름이 끊기지 않도록 한다.

'E se l´amassi indarno, andrei sul Ponte Vecchio, ma per buttarmi in Arno!에 쎄 라마씨 인 다르노, 안드레이 술 뽄떼 벡끼오, 마 뻬르 부따르미 인 아르노'는 '제가 그를 헛되이 사랑한다면, Vecchio벡끼오 다리에서 Arno아르노강에 뛰어내릴 거예요!'라는 비장한 내용이다. 여기서는 절망과 애원의 감정을 극적으로 표현해야 하며 'amassi아마씨' 부분은 고음 때문에 '씨'를 '쎄'로 내기도 하며 멀리 보내듯 부드럽게 처리해야 한다.

이어지는 소절 'Mi struggo e mi tormento! O Dio, vorrei

morir미 스뜨루고 에 미 또르멘또! 오 디오, 보레이 모리르!'는 '내 이 괴로움과 고통을, 신이시여, 저는 죽고 싶어요!'라는 의미이다. 'tormento또르멘또'에서 고통을 절절히 드러내야 하며 'O Dio오 디오'는 부드럽고 얇게 끌며 애절한 감정을 전달한다. 'vorrei'와 'morir'에서 'r' 발음을 확실히 내주어야 한다.

마지막으로 'Babbo, pietà, pietà! Babbo, pietà, pietà!바보, 삐에따, 삐에따! 바보, 삐에따, 삐에따!' 구절은 '아버지, 저를 불쌍히 여겨 주세요!'라는 뜻으로, 감정의 클라이맥스에 해당한다. 두 번째 'pietà삐에따'에서는 충분한 호흡을 바탕으로 고음을 천천히 멀리 보내듯 표현해 주고 마지막 'pietà삐에따'에서는 애원하듯 부드럽게 정리하며 끝까지 끌어준다.

🎼 울게 하소서(Lascia ch´io pianga)

벨라비타 성악 오페라 최고위과정에서 1기부터 강의를 맡아온 카운터 테너 루이스 초이 교수는 무대에서 반전을 선사하는 특별한 인물이다. 평소 두 아이의 아버지로서 평범한 남성의 목소리를 지니고 있지만 노래를 부르는 순간 청중을 놀라게 한다. 그의 가성은 여성처럼 높은 음역을 소화하며 이는 카운터 테너Countertenor로서 그가 가진 매력의 본질을 보여준다.

카운터 테너는 중세 종교가 엄격했던 시절 여성이 무대에 설 수 없었던 시대적 배경 속에서 발전했다. 당시에는 카스트라토Castrato로 불리는 남성 가수들이 어린 시절 거세를 당해 변성기가 지나도 높은 음역을 유지하게 했는데 여성의 대역으로 쓰이기 위함이었다. 그러나 이러한 관습은 인권 문제로 금지되었고 대신 훈련을 통해 가성을 사용해 여성의 음역을 소화하는 카운터 테너가 등장하게 되었다.

영화 《파리넬리》의 장면

헨델의 오페라 《리날도》에 등장하는 아리아 〈울게 하소서Lascia ch'io pianga〉는 작품의 2막에서 알미레나가 적군의 여왕 아르미다에게 사로잡힌 후 자유를 갈망하며 부르는 소프라노 아리아다. 이 곡은 단순히 슬픔을 표현하는 것이 아니라 자유와 구원을 열망하는 감

〈울게 하소서〉를 부르는 벨라비타 지도 교수 카운터 테너 루이스 초이

정의 깊이를 담고 있어 오페라 역사 속에서도 매우 특별한 곡으로 평가받는다. 특히 이탈리아어 가사가 지닌 음율과 조화로운 멜로디가 감정 표현을 극대화해 준다.

이 아리아는 주로 소프라노들이 부르지만 카운터 테너나 바리톤과 같은 남성 성악가들이 새로운 해석을 시도하며 감동을 선사하기도 한다. 조수미나 사라 브라이트만과 같은 성악가들은 이 곡을 부드럽고 맑은 음색으로 소화하여 청중의 마음을 울렸으며 특히 각 소절에서 감정을 절제하면서도 풍부한 울림을 담아내는 기교가 돋보인다. 바리톤이 부르는 경우 음역대의 차이로 인해 더욱 깊이 있고 중후한 감정이 전달되며 가사의 슬픔이 보다 무겁게 다가온다.

연습을 통해 가사와 발음, 호흡, 감정을 하나로 녹여내는 과정이 필요하다. 이 아리아는 성악에 입문하는 여성 성악가들이 감정을 연마하고 발음과 호흡을 조절하는 데에 좋은 연습곡이기도 하다.

곡 해석과 연주 전략: 〈울게 하소서(Lascia ch´io pianga)〉

이 곡은 바장조, 4분의 3박자, A-B-A' 형식의 느린 템포의 아리아로 원망과 비통한 감정을 진하게 표현해야 한다. 각 구절의 감정을 섬세하게 다루며 음정과 발음을 명확히 하고 자연스러운 호흡 흐름을 유지하는 것이 중요하다.

A 파트

첫 번째 A 파트는 곡의 서두로 감정을 잡는 중요한 구간이다. 이곳에서 알미레나가 자신의 비참한 운명과 자유를 그리워하며 한탄하는 내용이 담겨 있다. 가사는 'Lascia ch´io pianga la dura sorte e che sospiri la libertà! e che sospiri e che sospiri la libertà! Lascia ch´io pianga la dura sorte e che sospiri la libertà!라쌰 끼오 삐안가 라 두라 쏘르떼 에 께 쏘오오 쓰삐리 라리이 베르따, 에 께 쏘오오 쓰삐리 에 께 쏘오오 쓰삐리 라리이 베르따, 라쌰 끼오 삐안가 라 두라 쏘르떼 에 께 쏘오오 쓰삐리 라리이 베르따'이고, 해석은 '나의 비참한 운명을 한탄하게 두소서, 자유를 그리며 한숨짓게 두소서'이다. 이 부분은 부드럽게 시작하되 가사를 길게 끌기보다는 살짝 끊어주며 진행한다. 예를 들어, '쏘오오' 부분은 음정을 계단을 타듯 올리며 새가 날아오르듯이 가볍고 유연하게 불러야 하고 마지막 'libertà!리베르따'의 '따' 음이 플랫되지 않도록 호흡 위치를 안정적으로 유지하는 것이 중요하다.

B 파트

B 파트는 감정의 절정에 해당하며 알미레나의 깊은 슬픔이 드러나는 구간이다. 가사는 'Il duol infranga queste ritorte de' miei martiri sol per pietà si! de' miei martiri sol per pietà 일 두올 인프랑가 꿰스떼 리또르떼 데 미에에이 마아르띠이리 쏠 뻬에르 삐에에에따 씨, 데에 미에에이 마아르띠리 쏠 뻬에르 삐에에따'이고, 그 의미는 '슬픔이 나를 동정하여 고통의 사슬을 끊어주기를'이다.

이 구절은 한숨이 섞인 호흡과 함께 절제된 감정으로 불러야 하고, 특히 'duol두올'과 'ritorte리또르떼' 부분에서 발음을 정확히 맞추며 감정을 실어야 한다. 음정과 박자를 맞추기 위해 수많은 반복 연습이 필요하다. 후반부에서 같은 원어 가사가 반복되지만 박자와 발음이 조금 다르게 구성되어 있으므로 이를 잘 숙지해야 한다. 예를 들어 'de' miei martiri데 미에에이 마아르띠이리'와 'de' miei martiri데에 미에에이 마아르띠리'를 정확히 구분해 표현해야 한다.

A' 파트

A' 파트는 첫 소절로 돌아가 곡을 마무리하는 구간이다. 여기서 감정과 기교를 한층 자유롭게 표현하며 기교음을 섞어 자연스러운 흐름을 만드는 것이 중요하다. 마지막 소절에서는 감정을 절정으로 이끌고 고음을 질러 마무리할 수 있다. 자신 있는 소프라노는 고음을 활용해 더 극적인 연출을 시도할 수 있으며 그렇지 않을 경우 절제된 표현으로 부드럽게 마무리한다. 반주가 끝날 때까지 자세와 감정을 유지하며 마지막까지 긴장감을 놓지 않는 것이 이 곡의 완성도를 높이는 중요한 요소이다.

이 곡은 절제된 비통함과 절망을 음악적으로 표현하는 데 있어 정확한 발음과 호흡 조절이 필수적이다. A-B-A' 구조의 반복을 통해 감정이 발전하고 고조되며 마지막까지 감정선을 유지하는 것이 이 아리아를 성공적으로 연주하는 핵심 전략이다.

🎼 별은 빛나건만(E lucevan le stelle)

푸치니의 오페라 《토스카》의 유명 아리아 〈별은 빛나건만E lucevan le stelle〉는 남성 성악가들이 도전하고 싶은 대표적인 아리아 중 하나로 깊은 감정 표현과 섬세한 테크닉이 요구되는 곡이다. 성악에 입문한 많은 남성들이 이 곡을 연습하는 것을 하나의 목표이자 성취감으로 자리 잡고 있다. 특히 이 곡은 테너로서의 실력을 보여줄 수 있는 대표적인 삼대 아리아 중 하나로 감정의 고조와 함께 마지막 고음을 성공적으로 마무리하는 것이 중요하다.

이 노래를 무대에서 연주하기 위하여 곡을 준비하며 성악 레슨 교수와 나누었던 많은 대화는 단순한 기술 습득을 넘어 예술과 감정의 깊이를 이해하는 시간이 되었다. 클라리넷이 연주하는 전주가 시작될 때마다  가슴이 뛸 만큼 긴장과 설렘이 동시에 찾아오던 그 순간들이 떠오른다.

이탈리아를 여행했을 때 바티칸 근처에 있는 산탄젤로 성은 필자에게 이 아리아와 오페라 《토스카》의 마지막 장면을 떠올리게 했다. 카바라도시가 처형되는 장소이기도 한 그 성의 분위기는 곡의 비극적인 감정을 생생히 재현해 주었다. 그곳에서 필자는 오페라의 마지막 장면을 상상하며 이 아리아를 조용히 불러보았다. 아리아의 가사와 선율이 그 장소와 어우러져 깊은 감동을 느꼈던 경험은 지금도 잊을 수 없는 추억으로 남아 있다.

곡 해석과 연주 전략: 〈별은 빛나건만(E lucevan le stelle)〉

푸치니의 오페라 《토스카Tosca》에 나오는 이 아리아는 주인공 카바라도시가 연인 토스카를 떠올리며 처형을 앞두고 추억과 절망을 담아 부르는 장면이다. 이 곡은 나단조, 4분의 3박자로 구성되어 있으며 천천히 부드럽게Andante Lento 시작하여 점점 격렬해지는 감정을 담아야 한다. 마지막으로는 비통함이 절정에 달하며 인생의 절박함과 삶에 대한 애착을 애절하게 표현하는 것이 중요하다.

이 아리아는 처형을 앞둔 화가 마리오 카바라도시가 연인 토스카와의 아름다운 추억을 떠올리며 부르는 비극적이고 감동적인 장면을 담고 있다. 이 아리아는 오페라 《토스카》 제3막에서 등장하며 별이 빛나는 밤하늘 아래 주인공이 처형을 기다리며 절망과 사랑이 뒤섞인 감정을 노래한다.

카바라도시는 노래를 부르며 토스카와 나눈 행복한 순간들을 회상하지만 그 순간이 더 이상 오지 않을 것을 직감하며 비통에 젖는다. 곡의 초반부는 서정적이지만 나직하게 진행되고 후반으로 갈수록 감정이 폭발하며 절규하는 듯한 클라이맥스로 이어진다. 노래의 마지막 부분에서는 "이제 끝이야"라는 가사로 절망을 표현하며 처형을 앞둔 주인공의 내면을 완벽히 그려낸다.

이 아리아를 연주할 때는 감정의 흐름에 따라 유연하게 강약을 조절해야 한다. 초반부의 고요한 회고 부분에서는 서정적으로 부드러운 소리를 유지하며 고조되는 부분에서는 고음의 힘을 담아내는 것이 필요하다. 특히 마지막 구절에서는 음이 흔들리지 않도록 안정된 호흡으로 비통함을 절절하게 표현해야 한다.

별빛과 추억의 회상

'E lucevan le stelle, ed olezzava la terra, stridea l'uscio
에 루체반 레 스뗄레 에   도렛짜바   라 떼라   스뜨리데아 루쇼

dell′orto, e un passo sfiorava la rena.'
델로르또   에 운 빠쏘 쓰피오라발 라 레나

'별이 빛나고, 대지는 향기로웠지. 정원의 문이 삐걱대며 발걸음
이 모래 위를 스쳤네.'

이 첫 소절은 애절하게 읊조리며 시작해야 한다. 클라리넷과 호
흡을 맞추어 부드럽게 소리를 이어가고, 'luce루체'의 '우' 발음을
입술을 내밀어 정확히 내어준다. 'terra떼라'의 'r' 발음은 혀를 굴
려 깊이를 더하며 마지막 'l′orto로르또'는 한 음씩 명확하게 내준다.

연인의 향기로운 존재

'Entrava ella, fragrante, mi cadea fra le braccia.'
엔뜨라바   엘라   프라그란떼   미 까데아 프라 레 브랏차

'향기로운 그녀가 내 품에 안겼지.'

이 부분에서는 향기와 감격의 순간을 담아 감정을 고조시킨다.
'r' 발음을 굴리며 그녀의 존재를 느끼고 소리를 자연스럽게 이어
가며 감정을 전달한다.

달콤한 입맞춤과 슬픔의 시작

'Oh! dolci baci, o languide carezze, mentre i o fremente
오   돌치 바치 오 랑귀데   까렛쩨   맨뜨레 이오 프레멘떼
le belle forme disciogliea dai veli! Svani per sempre il
레 벨레 포르메 디쇼 리에에아 다이 벨리 즈바니 뻬르 쎔쁘레 일
sogno mio d′amore.'
쇼뇨 미오 다 모레

'오, 달콤한 입맞춤, 오 나른한 어루만짐, 떨리는 손으로 그녀의 고운 모습을 드러내었지, 사랑의 꿈은 영영 사라지고.'

이 부분에서는 호흡을 깊게 준비해 첫 번째 고음인 'scio쇼'를 내기 위해 계단을 오르듯 음을 올려 놓고 부드럽게 음정을 올린다. 'gliea'를 '리에에아'로 애절하게 끌며 감정을 최대한 담아 부른다.

절망과 시간의 흐름

'L'ora e fuggita, e muoio disperato e muoio disperato.'
로라　에　푸칫따　에　무이오　디스뻬라또　에　무이오　디스뻬라또

'시간은 흘러갔고, 나는 절망 속에서 죽어가고 있어.'

여기서부터는 절규하듯 감정을 폭발시키며 'fuggita'를 '푸칫따'로, 'e muoio'를 '에 무이오'로 하나씩 발음하며 절망을 드러내야 한다.

삶에 대한 마지막 애착

"E non ho amato mai tanto la vita."
에　논　오　아마토　마이　딴또　라　뷔따

'이토록 삶을 간절히 원한 적이 없었어.'

마지막 부분은 애절하게 부드럽게 마무리해야 한다. 각 음을 정확히 발음하며 'amato아마토'에서 고음을 내기 위해 호흡을 내리며 천천히 끌어 올리고 'ㅎ' 발음을 사용하여 '아마토'로 토해내듯 내준다.

🎼 아무도 잠들지 마라(Nessun dorma)

성악을 배우는 이들에게 특히 테너들의 목표와도 같은 마지막 도전은 바로 〈네순 도르마Nessun dorma, 아무도 잠들지 마라〉를 부르는 것이다. 이 곡은 단순한 아리아 이상의 의미를 가지며 고음과 감정의 극한을 시험하는 시금석으로 여겨진다. 특히 성악가조차 그날의 컨디션에 따라 무대에서 이 곡을 선보이기를 망설일 만큼 어려운 작품이다.

루치아노 파바로티Luciano Pavarotti가 이 곡을 완벽하게 소화하며 세계적으로 유명해진 이후 이탈리아 오페라의 상징처럼 자리 잡았다. 우리나라에서는 트바로티로 불리는 김호중의 영향으로 이 곡이 대중에게 더 친숙해졌다. 김호중의 어린 시절을 다룬 영화《파파로티》가 개봉되면서 성악과 트로트를 아우르는 그의 음악적 여정과 함께 〈네순 도르마〉가 더욱 널리 알려지게 되었다.

이 아리아는 고음과 강렬한 감정의 표현을 필수적으로 요구하기 때문에 단순히 음역만 맞춘다고 완성되지 않는다. 가창자는 발성 테크닉뿐만 아니라 내면의 감정을 효과적으로 전달해야 하고 곡에 담긴 스토리와 희망을 정확히 표현해야 한다. 청중에게 설득력 있는 감정을 전달하는 것이 이 곡의 핵심이며 이를 통

〈네순 도르마〉를 부르는 테너 루치아노 파바로티

해 노래의 메시지를 완성해야 한다.

곡 해석과 연주 전략: 〈아무도 잠들지 마라(Nessun dorma)〉

이 곡은 푸치니의 오페라 《투란도트Turandot》의 마지막 막에 등장하는 아리아로 한국에서는 '공주는 잠 못 이루고'라는 제목으로도 널리 알려져 있다. 이 노래는 주인공 칼라프 왕자의 극적인 순간을 담고 있다. 변방의 왕자 칼라프는 투란도트 공주의 세 가지 수수께끼를 모두 맞혔지만 투란도트는 그의 승리를 인정하기를 거부하며 혼인을 받아들이지 않는다. 그러자 칼라프는 자신의 이름을 알아내면 혼인을 거부할 수 있다는 조건을 제안하며 공주에게 도전장을 내민다.

하룻밤 안에 자신의 이름을 알아내면 약속을 철회하겠다고 선언한 칼라프에게 투란도트 공주는 성 안의 모든 시민에게 '아무도 잠들지 마라'고 명령하며 절박하게 그의 이름을 찾아내려 한다. 이때 칼라프가 자신의 승리를 확신하며 부르는 것이 바로 〈Nessun dorma〉이다. 그는 새벽이 밝아올 때 자신의 이름을 밝혀 공주를 정복하겠다는 강한 의지를 드러내며 아침이 오면 승리를 거둘 것이라고 노래한다.

이 아리아는 단순히 승리를 선언하는 것 이상의 감정이 담겨 있다. 칼라프는 오랜 기다림 끝에 투란도트의 사랑을 얻고자 하는 간절한 소망과 도전적인 결단을 격정적으로 표현한다. 음악적으로도 이 곡은 사장조, 4분의 4박자로 이루어져 있으며 강한 선율과 고조되는 고음이 특징이다.

특히 마지막에 반복되는 'Vincerò!빈체로, 승리하리라' 부분은 곡의
클라이맥스이며 고음의 폭발적인 에너지를 필요로 한다. 이 지점
에서 가창자는 단순한 고음 발성뿐만 아니라 칼라프의 승리에 대한
자신감과 열망을 혼신의 힘을 다해 표현해야 한다.

'Nessun dorma! Nessun dorma!'
　　네쑨　　　도르마　　　네쑨　　　도르마

'아무도 잠들지 마라! 아무도 잠들지 마라!'

노래의 첫 구절은 선명하게 시작되며 긴장감을 유지해야 하며 첫
음에서 정확한 발성을 유지하는 것이 중요하다. 'dorma도르마'에서
'r' 발음을 굴려 주며 음이 이어지는 흐름을 잃지 않도록 한다. 마치
화살을 쏘듯이 단단한 느낌으로 첫 소절을 전달한다.

벨라비타 월요 음악회에서 부르는 〈네쑨 도르마〉

'Tu pure, o Principessa, nella tua fredda stanza, guardi
뚜 뿌레 오 쁘린치뻿싸 넬라 뚜아 프렛따 쓰딴짜 꽈르디
le stelle che tremano d'amore e di speranza!'
레 쓰뗄레 께 뜨레마노 따모레 에 디 쓰페란짜

'너도 잠들 수 없으리라, 오 공주여, 차가운 방에서 별들이 사랑
과 희망으로 떨고 있구나!'

이 부분에서는 공주의 고독과 긴장감을 부드럽게 표현한다.
'Principessa쁘린치뻿싸'와 'stelle쓰뗄레' 같은 자음이 반복되는 단어
들을 또렷하게 발음해야 한다. 음정이 같은 선에서 이어지므로 부
드럽게 연결하며 칼라프의 확신을 담아낸다.

'Ma il mio mistero è chiuso in me, il nome mio nessun
마 일 미오 미스떼로 에 끼우조 인 메 일 노메 미오 네쑨
saprà! No, no! Sulla tua bocca lo dirò, quando la luce
싸브라 노 노 쑬라 뚜아 봇까 로 디로 꽌돌 라 루체
splenderà!'
쓰쁠렌데라

'하지만 내 비밀은 내 안에 감춰져 있다. 내 이름을 아무도 알지
못하리라! 아니, 아니! 너의 입술로 내가 말하리라, 빛이 비출 때!'

여기서는 노래가 감정적으로 고조된다. 'tenuto떼누또'로 한 음 한
음을 꾹 눌러 표현하며 고음에서는 자주 호흡을 보충해야 여유 있
게 부를 수 있다.

'Ed il mio bacio scioglierà il silenzio che ti fa mia!'
에 딜 미오 바쵸 쑈일레라 일 질렌찌오 께 띠 파 미아

'내 입맞춤이 침묵을 깨뜨리고 너를 나의 여인으로 만들리라!'

이 구절에서는 고조된 감정과 함께 박자에 집중해야 한다. 음을

밀고 당기며 표현해야 하며 특히 'bacio바쵸'를 애절하게 부드럽게 내어야 한다. 여기서 칼라프의 승리에 대한 의지가 절정에 이른다.

'Dilegua, o notte! Tramontate, stelle! Tramontate, stelle!'
딜레과   오 놋떼   뜨라몬따떼   쓰뗼레   뜨라몬따떼   쓰뗼레

'밤이여, 사라져라! 별들이여, 지거라!'

'All´alba vincerò! Vincerò! Vincerò!'
알알바   빈체로   빈체로   빈체로

'날이 밝으면 나는 승리하리라! 승리하리라! 승리하리라!'

이 부분은 곡의 하이라이트이자 감정의 절정이다. 'Vincerò!빈체로!'는 힘차고 자신감 있게 내며 고음을 부를 때는 충분한 호흡 준비가 필수다. 반복되는 'Vincerò!빈체로!'는 점점 더 강하게 부르며 마지막에서는 최고의 자신감을 담아 질러야 한다. 노래를 마무리하며 관객들에게 칼라프의 승리에 대한 확신을 전달한다.

🎼 축배의 노래(Brindisi)

벨라비타 신년회에서 성악가를 초청하여 펼쳐진 공연은 참석자들에게 감동과 즐거움을 선사했다. 특히 공연의 마지막을 장식한 앙코르송으로는 오페라 《라 트라비아타La Traviata》의 〈축배의 노래 Brindisi〉가 선택되었다. 이 곡이 시작되자마자 참석자들은 하나둘 일어서기 시작했고 모두가 잔을 들고 부딪치며 신년을 맞이하는 기쁨을 만끽했다. 성악가의 강렬한 목소리와 반주의 웅장한 선율이 어우러져 연회장의 분위기를 한층 고조시켰고 잔을 부딪치는

소리와 함께 새해의 시작을 축하하는 순간은 잊을 수 없는 기억으로 남았다.

〈축배의 노래〉는 결혼식 축가나 파티의 마지막을 장식하는 곡으로도 자주 사용된다. 그렇기 때문

오페라 《라 트라비아타》의 〈축배의 노래〉

에 이 곡의 정확한 가사나 이탈리아어 발음을 모르는 사람들도 음악만 들으면 '아, 이 곡이구나!' 하고 반갑게 알아차린다. 곡이 지닌 흥겨운 멜로디와 경쾌한 리듬은 사람들의 마음을 단숨에 사로잡고 어떤 모임에서든 자연스레 축하와 건배의 분위기를 이끌어낸다.

곡 해석과 연주 전략: 〈축배의 노래(Brindisi)〉

이 곡은 베르디Verdi의 오페라 《라 트라비아타》의 1막에서 남녀 주인공 알프레도와 비올레타가 부르는 듀엣으로 잘 알려져 있다. 알프레도가 사람들에게 축배를 제안하면서 시작되는 이 노래는 단순히 음악을 넘어 사교와 연대의 순간을 상징한다. 곡의 중간에는 왈츠 리듬으로 전환되며 공연에서는 종종 노래와 함께 즉흥적인 왈츠가 펼쳐지기도 한다. 이처럼 무대 위에서 두 성악가가 서로 잔을 주고받으며 노래하는 장면은 마치 관객을 하나의 축제에 초대하는 듯한 흥겨운 분위기를 만들어낸다.

내림 나장조와 8분의 3박자로 작곡되었고 왈츠 리듬을 통해 신나는 분위기를 표현하며 향락적인 파티의 장면을 완벽하게 담아낸

다. 극 중에서 비올레타와 알프레도는 잔을 들고 춤을 추며 이 곡을 부른다. 이 장면은 그들 사이의 끌림과 열정을 상징적으로 보여주는 중요한 부분으로 음악적 표현과 무대 연기가 어우러진다.

이 곡은 선율이 화려하며 6도 음정 도약과 꾸밈음이 자주 등장해 경쾌한 분위기를 한층 강화한다. 특히 알프레도와 비올레타가 서로의 파트에 응답하며 주고받는 대화 형식의 노래가 인상적이다. 이러한 음악적 특징은 두 인물 간의 감정적 흐름과 파티의 자유분방한 분위기를 잘 전달한다.

노래의 흐름은 자연스럽게 중창과 합창으로 이어지며 무대 위 배우들이 함께 잔을 들고 건배하며 흥을 돋우는 장면은 청중에게도 깊은 인상을 남긴다.

알프레도 파트

'Libiamo, libiamo ne´ lieti calici, che la bellezza infiora,
리비아모   리비아모 네 리에띠 깔리치   께 라 벨레짜   인피오라
e la fuggevol, fuggevol ora s´inebri a voluttà.'
에 라   풋쩨볼   풋쩨볼   오라 씨네브리 아 볼루따

'즐겁게 잔을 들어 건배하자, 아름다움이 꽃을 피우고, 덧없는 시간이 쾌락에 취하게 하니.'

첫 음 'Libiamo리비아모'에서 에너지를 담아 부드럽게 시작하되 지나치게 힘을 주지 않도록 해야 한다. 'fuggevol ora풋쩨볼 오라' 구간에서는 시간을 서두르는 듯한 느낌을 잘 살리며 음정을 깔끔하게 마무리한다.

'Libiam nei dolci fremiti che suscita l'amore, poiché
리비암   네   돌치   프레미띠   께   쑤시따   라모레   뽀이께
quell'occhio al core onnipotente va.'
펠로끼오   알   꼬레   온니뽀뗀떼에   바

'사랑이 일으키는 달콤한 떨림 속에 건배하자. 그 눈빛이 마음을 강하게 끌어당기네.'

이 구절에서는 'fremiti프레미띠'와 'suscita l'amore쑤시따 라모레' 에서 꾸밈음을 부드럽게 연결해 사랑의 섬세한 감정을 음악적으로 표현하는 것이 중요하다. 특히 'onnipotente온니뽀뗀떼에' 부분에서는 음정을 정확히 눌러주며 곡의 무게감을 살려야 한다. 이때 음정을 가볍고 유려하게 처리해 '떨림'이라는 감정을 더욱 생동감 있게 전달해야 한다.

'Libiamo, amore, amore fra i calici più caldi baci avrà.'
리비아모   아모레   아모레   프라 이   깔리치   뷰   깔디   바치 아브라

'사랑에 건배하자, 잔을 통해 뜨거운 입맞춤이 피어날 거야.'

이 구절은 곡의 첫 부분을 마무리하는 중요한 대목으로 사랑의 열정과 흥겨운 분위기를 음악적으로 잘 살려야 한다. 'amore frai 아모레 프라이'는 발음을 연결하여 부르기 힘들기 때문에 're레' 발음을 살짝 내주며 바로 이어 부른다. 감정과 호흡을 조화롭게 사용해 관객에게 곡의 메시지를 강렬히 전달해야 한다.

비올레타 파트

'Tra voi, tra voi saprò dividere il tempo, mio giocondo,
뜨라 보이 뜨라 보이 싸쁘로 디비데레 일 뗌보 미오 조콘도
Tutto è follia, follia nel mondo ciò che non è piacer.'
뚜또 에 폴리아 폴리아 넬 몬도 초 께 논 에 삐아체르

'여러분과 함께 시간을 즐겁게 나누겠어요. 세상에는 즐거움이 아닌 모든 것이 다 헛된 것이죠.'

'tra voi, tra voi뜨라 보이, 뜨라 보이' 부분에서는 리듬의 유연함을 유지하며 가볍고 활기찬 느낌으로 시작한다. 'follia폴리아'에서는 음정의 도약이 있으며 감정이 넘치지 않도록 경쾌하게 표현해야 한다.

'Godiam, fugace e rapido il gaudio dell'amore, È un fior
고디암 푸가체 에 라삐또 일 가우디오 델라모레 에 운 피오르
che nasce e muore, né più si può goder.'
께 나쉐 에 무오레 네 뷰 씨 뿌오 꼬데르

'사랑의 기쁨을 즐겨요. 사랑은 피었다가 시드는 꽃처럼 덧없으니 더 이상 즐길 수 없을 거예요.'

'Godiam fugace고디암 푸가체' 부분에서는 꾸밈음을 명확히 사용해 경쾌하고 활기찬 느낌을 살린다. 'È un fior che nasce e muore에 운 피오르 께 나쉐 에 무오레' 구절에서는 고음과 저음의 변화를 부드럽게 연결하며 자연스럽게 감정을 깊이 담는 것이 중요하다. 리듬이 빨라지기 때문에 호흡을 안정적으로 조절하며 지나치게 서두르지 않도록 신중하게 부른다.

'Godiam, c´invita, c´invita un fervido accento lusinghier.'
고디암   친뷔따   친뷔따   운   페르뷔또   ·아첸또   루징기에르

'기쁨이 우리를 부르고, 우리를 유혹하는 열정적인 목소리가 있어요.'

이 구절은 두 사람의 듀엣으로 이어지기 직전의 고조된 분위기를 만들어가는 부분이다. 'lusinghier루징기에르' 구간에서는 음정의 변화가 크므로 부드럽고 섬세하게 연결하며 마무리해야 한다. 리듬을 약간 느리게 가져가며 감정을 점차적으로 강조하여 청중에게 강렬한 여운을 남길 수 있도록 표현한다.

간주, 합창 파트

합창단이 참여할 경우 백 코러스처럼 강력하고 풍성한 합창으로 곡의 에너지를 극대화한다. 합창이 없는 경우에는 간주가 삽입되어 무대의 흐름을 이어가는데 주인공들은 왈츠를 추거나 잔을 부딪치는 퍼포먼스를 선보이며 장면에 생동감을 더한다. 이러한 연출은 파티의 경쾌하고 자유로운 분위기를 한층 부각시키며 두 주인공의 화려한 상호작용과 감정의 교류를 드라마틱하게 표현한다.

'Ah, Godiamo, la tazza, la tazza e il cantico, la notte
아   고디아모   라 따짜   라 따짜 에 일 깐띠코   라 노떼
abbella e il riso, In questo, in questo paradiso ne scopra
아벨라 에 일 리조   인 꿰스또   인   꿰스또   빠라디조   네 쓰꼬쁘라
il nuovo dì.'
일 누오보 디

'아, 즐겨요. 잔을 들고 노래해요. 이 밤이 아름다워지고 웃음이

피어나죠. 이 낙원에서 새로운 날이 밝아오길 바라요.'

비올레타와 알프레도가 주고 받는 중창

곡의 하이라이트 중 하나로 두 사람이 대화 형식으로 노래하며 파티의 열기와 감정을 고조시킨다. 비올레타는 먼저 노래를 시작하며 파티의 환희와 즐거움을 노래하고 알프레도는 이에 응답하며 자신의 감정을 드러낸다.

비올레타: 'La vita è nel tripudio.라 뷔따 에 넬 뜨리뿌디오', '삶은 환희 속에 있죠.'

이 대사는 비올레타의 밝고 낙천적인 성격을 드러낸다. 그녀는 흥겨운 톤으로 가볍게 노래해야 하며 파티 분위기에 맞게 경쾌한 리듬을 유지하는 것이 중요하다. 발음을 명확히 하되 여유로운 감정을 담아내야 한다.

알프레도: 'Quando non s´ami ancora.꽌도 논 싸미 안꼬라', '아직 사랑하지 않을 때에만 그렇지요.'

알프레도는 비올레타의 낙관적인 태도에 약간의 조소를 담아 대답한다. 그의 목소리는 부드럽게 시작하지만 마지막 부분에서 비꼬는 듯한 뉘앙스를 강조하며 감정의 미묘한 변화를 표현한다.

비올레타: 'Nol dite a chi l´ignora.놀 디떼 아 끼 리뇨라', '모르는 사람에게 그런 말을 하지 마세요.'

이 대사는 비올레타가 자신의 진심을 숨기고자 하는 모습을 보여준다. 그녀는 템포를 다소 늦추며, 감정을 억제한 채 부드럽고 조심스럽게 이 구절을 전달해야 한다.

알프레도: 'È il mio destin così.에 일 미오 데스띤 꼬지', '이것이 나의 운명입니다.'

알프레도는 운명에 대한 체념과 결단을 동시에 표현한다. 그의 목소리는 음정을 정확히 눌러가며 부드럽게 이어져야 하고 마지막 부분에서는 감정을 강렬하게 전달하는 것이 중요하다.

이 중창은 두 사람의 대조적인 감정과 파티의 흥겨운 분위기를 동시에 표현하며 청중들에게 강렬한 인상을 남긴다.

중창의 마무리와 클라이맥스

'Ah, Godiamo, la tazza, la tazza e il cantico, la notte
아 고디아모 라 땃짜 라 땃짜 에 일 깐띠꼬 라 노떼
abbella e il riso, In questo, in questo paradiso ne scopra
아벨라 에 일 리조 인 꿰스또 인 꿰스또 빠라디조 네 쓰꼬쁘라
il nuovo dì.'
일 누오보 디

'잔을 들어 즐겨요. 노래하고 웃으면서 밤이 아름다워지는 것을 느껴요. 이 낙원에서 새로운 날을 맞이해요.'

이 구절은 중창의 마지막 부분으로 두 주인공이 함께 노래하며 곡의 절정으로 향한다. 'Ah'로 시작하는 부분에서는 두 사람이 목소리를 맞추어 감정을 공유하고 관객과도 깊이 교감하는 것이 중요하다. 이 구절은 흥겨운 리듬을 유지하며 각 단어의 발음을 정확히 전달하는 동시에 두 사람의 목소리가 조화를 이루도록 신경 써야 한다. 특히 'la tazza라 땃짜'와 같은 반복되는 구절은 경쾌하

고 가볍게 불러야 하며 리듬이 지나치게 무겁거나 느려지지 않도록 주의해야 한다.

클라이맥스와 마무리

마지막 부분의 'ah, ah, nesco praildi, ah, ah, nesco praildi, ah-si아, 아, 네스꼬 쁘레일디, 아, 아, 네스꼬 쁘레일디, 아- 씨'는 곡의 절정으로 두 사람의 목소리가 강렬하게 폭발하며 관객에게 강렬한 인상을 남긴다. 이 부분에서는 소리의 강약 조절이 핵심이다. 'ah, ah'에서 음량과 감정을 점차 끌어올리며 긴장감을 고조시키고 'ah-si'에서 소리를 폭발시키듯 질러야 한다.

'ah-si'는 두 주인공이 승리와 환희를 상징적으로 표현하는 부분으로 충분한 호흡과 강력한 소리로 마무리해야 한다. 이때 두 팔을 벌리고 무대 위에서 몸짓으로도 감정을 전달하며 관객에게 극적인 여운을 남기는 것이 중요하다. 이 마무리는 곡의 하이라이트로 노래와 퍼포먼스가 완벽하게 조화를 이루어야만 곡이 가진 에너지를 최대로 끌어낼 수 있다.

4
영화 OST와 뮤지컬 넘버, 행사 노래 부르기

🎼 영화 《미션》 주제가, 넬라 환타지아(Nella Fantasia)

〈넬라 환타지아Nella Fantasia〉는 많은 사람들에게 가요와 성악의 경계를 허무는 대표적인 크로스오버 곡으로 알려져 있다. 이 곡은 청중들에게 천상의 소리를 듣는 듯한 감동을 선사하며 그 선율과 가사

〈넬라 환타지아〉를 부르는 벨라비타 지도교수
소프라노 강혜정

는 마치 환상 속 이상 세계를 꿈꾸는 듯한 느낌을 준다. 특히 평화와 자유에 대한 소망을 담고 있는 노래의 내용은 부드러우면서도 강렬한 울림을 남긴다. 곡의 중심 메시지는 단순한 희망과 사랑을 넘어 완벽한 조화와 자유의 세계에 대한 꿈이다.

이 곡은 한국에서도 큰 인기를 얻으며 공연과 대중음악 무대에서 자주 불린다. 특히 박기영이 불후의 명곡에서 열창하며 더 큰 화제를 불러일으켰다. 박기영의 버전은 사라 브라이트만Sarah Brightman 의 원곡보다 4배가 넘는 2천9백만 조회수를 기록하며 많은 사람들에게 깊은 인상을 남겼다. 이 곡이 사람들에게 큰 인기를 끄는 이유는 단순히 음악의 아름다움 때문만이 아니라 그 속에 담긴 희망과 이상을 향한 강렬한 열망이 누구에게나 깊은 감동을 주기 때문이다.

이 곡은 1998년, 영화《미션1986년》의 테마 곡인 〈가브리엘의 오보에Gabriel's Oboe〉에 이탈리아어 가사를 붙여 부른 노래다. 이 곡의 작곡자는 엔니오 모리꼬네Ennio Morricone이며 가사는 끼아라 뻬라우Chiara Ferraù가 썼다. 영화 속에서 선교사 가브리엘이 원주민들과 대화가 통하지 않고 위협을 받자 오보에를 연주한다. 이 아름다운 멜로디는 원주민들의 마음을 녹이고 신뢰와 소통을 가능하게 만든다. 이 장면은 음악의 치유와 소통의 힘을 상징하며 영화 역사에 길이 남는 명장면으로 꼽힌다.

하지만 이 노래가 단순히 영화의 연장선으로만 남지 않은 데에는 또 다른 이야기가 있다. 이 곡을 새 앨범에 담고 싶어 했던 사라 브라이트만Sarah Brightman은 작곡가 모리꼬네에게 수

영화《미션》의 장면

차례 요청을 해야 했다. 그의 승낙은 쉽지 않았지만 그녀의 끈기와 열정 덕분에 마침내 이 노래가 새로운 생명을 얻게 되었다. 그렇게 탄생한 이 노래는 크로스오버 장르의 대표작으로 자리 잡으며 가요와 성악의 경계를 넘나드는 음악적 성취를 이루었다.

곡 해석과 연주 전략: 〈넬라 환타지아(Nella Fantasia)〉

내림 나장조, 4분의 4박자인 이곡은 천천히 그렇지만 열정적으로 불러야 한다. 1절부터 단순한 선율을 따라 영혼과 평화를 염원하며 시작한다. 이 노래는 각 절마다 비슷한 멜로디 라인을 반복하지만 감정의 고조와 해석을 통해 매번 변화를 주는 것이 필요하다. 2절, 3절에서 반복되는 구문은 가사를 강조하기 위해 같은 구조를 사용하지만 그때마다 새로운 감정과 더 깊어진 표현이 요구된다.

1절: 올바른 세상의 희망(Giusto – 올바른 세상)

'Nella fantasia io vedo un mondo giusto'
넬라   환타지아 이오 베에도 운   모온도   쥬스또

'환상 속에서 올바른 세상이 보입니다.'

'Li tutti vivono in pace e in onesta'
리 뚜웃띠 비이보노 인 빠체 에 인 오네스따

'그곳에선 모두가 평화롭고 정직하게 살아갑니다.'

이 첫 소절에서는 'vedo un베에도 운'의 발음이 중요하다. 이탈리아어의 특성상 단어의 마지막 전 음절에 엑센트를 주어야 하므로

'베에도 운'을 정확히 늘려 발음한다. 또한 'tutti뚜웃띠'와 'vivono 비이보노'처럼 음을 정확히 끌어야 발음이 명확하게 들린다. 감정을 실어 부드럽게 부르는 것이 핵심이다.

'Io sogno d'anime che sono sempre libere'
이오 쏘뇨 다니메 께 쏘노 쎄엠브레 리이베레

'영혼이 항상 자유롭기를 꿈꿉니다.'

'Come le nuvole che volano'
꼬메 레 누볼레 께 볼라노

'떠다니는 구름처럼'

'sogno쏘뇨'와 'sono쏘노'를 명확히 구분하여 발음하는 것이 중요하다. 꿈꾸는 영혼을 묘사하는 이 구절은 감정이 가볍고 희망차게 전달되어야 한다. 'volano볼라노'는 클라이맥스로 올려야 하므로 앞 단어인 'che께'에서 음의 위치를 미리 준비하여 부드럽게 이어간다.

'Pien' d'umanità infondo all'anima'
삐엔 두 마니따 인 폰도 알 라니마

'영혼 깊이 인간애가 가득한 그곳에.'

마지막 구절에서는 'infondo all'anima인 폰도 알 라니마'를 부드럽게 연결하면서 마지막 여운을 남긴다. 숨을 한 번에 깊게 들이마신 뒤 자연스럽게 끌어가며 음을 마무리해야 하며 마지막 'l'anima라니마'에서 긴장을 풀지 않고 정확하게 음을 전달한다.

2절: 명확한 세상의 희망(Chiaro – 분명한 빛)

'Nella fantasia io vedo un mondo chiaro'
넬라 환타지아 이오 베도 운 모온도 끼아로

'환상 속에서 나는 분명한 세상을 봅니다.'

'Li anche la notte è meno oscura'
리 아아앙께 라 노떼 에 메노 오쓰꾸라

'밤도 덜 어둡습니다.'

'Io sogno d´anime che sono sempre libere,
Come le nuvole che volano,
Pien´ d´umanità infondo all´anima'

'chiaro끼아로'는 분명한 빛을 의미하므로 이 단어에 명확하고 밝은 톤을 실어 발음해 준다. 단순히 음을 따라가는 것이 아니라 이탈리아어 딕션을 정확히 지키면서 소리의 위치를 위로 올린다. 'Li anche la notte è meno oscura,리 아아앙께 라 노-떼 에 메노 오쓰꾸라, 밤도 덜 어둡습니다'에서 '리 아아앙께에 라 노'에 끊고 'te è meno oscura 떼메노 오쓰꾸라'로 연결하고 'r' 발음을 굴리며 마무리하는 감정을 표현한다. 이 부분은 밤이 덜 어두워진다는 희망을 음의 따뜻함과 부드러움으로 표현하며 소리의 끝맺음이 흐트러지지 않도록 유지하면서 다음 구절로 연결한다.

3절: 따뜻한 바람과 자유로운 도시(Vento caldo – 따뜻한 바람)

'Nella fantasia esiste un vento caldo,'
넬라　환타지아　에 지이쓰테　운　베엔또　깔도

'환상 속에 따뜻한 바람이 존재합니다.'

'Che soffia sulle città, come amico,'
께　쏘피아　쑬레　치따　꼬메　아미꼬

'도시 위로 친구처럼 불어옵니다.'

'Io sogno d'anime che sono sempre libere,
Come le nuvole che volano,
Pien' d'umanità infondo all'anima'

이 구절에서는 'vento베엔또'에서 바람이 부는 듯한 가벼운 표현
이 필요하다. 'caldo깔도'는 따뜻함을 의미하므로 소리를 부드럽고
깊이 있게 끌어야 한다. 풍부한 호흡 조절이 필수적이며 'soffia쏘피
아'는 부드럽게 날려 부르고 'città치따'를 발음할 때는 부드러운 리
듬과 딕션을 유지해야 한다. 이 부분은 마치 바람이 불어오는 것을
묘사하듯 자연스럽고 유려하게 표현한다.

각 절마다 유사한 멜로디가 반복되기 때문에 감정을 절제하며 노
래를 시작한다. 절이 거듭될수록 감정을 점진적으로 고조시키는
것이 핵심이다. 마지막 절로 갈수록 감정을 쌓아 클라이맥스로 도
달하며 특히 3절의 마지막 부분에서는 감정적으로 깊이 있는 고음
으로 'nima니마'를 마무리해야 한다.

🎼 영화《대부》주제가, 더 작게 말해요(Parla Più Piano)

영화《대부The Godfather》의 주제곡이 최근 역주행하며 다시 주목받고 있다. 이 곡은 벨라비타 졸업공연 무대에서 작년에 이어 올해도 공연 곡으로 선정되었고 월요 음악회에서도 불리며 그 인기를 이어가고 있다. 특히 몇 년 전 〈팬텀싱어〉에서 우승한 크로스오버 그룹 포레스텔라Forestella가 이 곡을 소화하며 영화《대부》에 대한 추억 소환이 여기저기에서 시작되었다. 많은 이들이 이 노래를 다시 부르며 영화의 감동을 되새기고 있다.

자연스레 이 노래를 흥얼거리다가 결국 참을 수 없어서《대부》1, 2, 3편을 모두 다시 감상하게 되었다. 이 영화들은 단순한 범죄 드라마를 넘어선 가족, 원칙, 그리고 권력의 복잡한 이야기를 담고 있다. 영화 속에서 말론 브란도Marlon Brando가 보여주는 따뜻한 카리스마는 집안을 이끄는 가장으로서의 책임과 품격을 상징한다. 반면, 알 파치노Al Pacino는 위기 속에서 냉철한 결단력과 강인한 의지로 가족을 지키며 새로운 시대를 맞이하는 인물을 연기했다.

영화를 감상하며 많은 생각이 들었고 특히 이 영화의 중요한 배경인 시칠리아Sicily에 가보고 싶다는 마음이 커졌다. 내년에는 직접 시칠리아에 가서 영화 주제곡인 〈더 작게 말해요Parla Piu Piano〉를 현지에서 부르며 그 분위기와 감정을 온전히 느껴보고

영화《대부》결혼식 장면

싶다. 영화 속 장면을 떠올리며 시칠리아의 풍경 속에서 이 곡을 부른다면 영화의 감동이 더욱 깊이 전해질 것 같아 기대가 된다.

1972년 영화 《대부The Godfather》를 위해 니노 로타Nino Rota가 작곡한 이 곡은 악기 연주 버전으로는 단순하게 〈대부 사랑의 테마Love Theme from The Godfather〉라고 알려졌다. 영어 보컬 버전은 〈Speak Softly Love〉로 영화 《문 리버Moon River》와 《러브스토리 Love Story》의 주제가를 불러 유명해진 앤디 윌리엄스Andy Williams가 부르며 대중에게 널리 사랑받았다.

이 곡의 이탈리아어 버전인 〈더 작게 말해요Parla Più Piano〉는 영화 속에서 파트리찌오 브아네Patrizio Buanne가 부르며 감동을 더했다. 이후 수많은 성악가들에 의해 크로스오버 스타일로 재해석되었고 그중에서도 세계적인 테너 요나스 카우프만Jonas Kaufmann의 버전이 특히 유명하다.

곡 해석과 연주 전략: 〈더 작게 말해요(Parla Più Piano)〉

이 노래는 내림 나단조와 4분의 4박자로 구성되어 있으며 감정의 변화에 따라 여리게 강하게 밀고 당기며 노래하는 것이 중요하다. 크로스오버 스타일로 부르면 영화 주제가의 감정과 분위기가 더 살아난다. 각 소절의 가사와 발음 그리고 해석과 연주 전략을 소절별로 정리한다.

부드럽게 시작하는 고백

'Parla più piano e nessuno sentirà, il nostro amore lo
빠를라 삐우 삐아노 에 네쑤노 쎈띠라 일 노스뜨로 아모레 로
viviamo io e te.'
비비아모 이오 에 떼

'더 작게 말해요, 아무도 듣지 못하게. 당신과 나만 아는 우리들의 사랑을.'

이 소절은 부드럽게 시작하며 가사에 담긴 속삭이는 감정을 전달해야 한다. 'nessuno네쑤노'와 'viviamo비비아모'에서 이탈리아어 특유의 부드러움을 살리면서 마지막 두 번째 음절을 세게 발음하며 노래의 감미로운 정서가 드러나도록 한다.

긴장감을 담은 표현

'Nessuno sa la verità, neppure il cielo che ci guarda da
네쑤노 싸 라 베리따 네뿌레 일 치엘로 께 치 과르다 달
lassù.'
라쑤

'진실은 아무도 몰라요. 우리 위에서 지켜보는 저 하늘조차도.'

'sa싸'와 'tà따'는 피아노작게로 부르되 긴장감을 담아 단어의 힘을 유지해야 한다. 'neppure네뿌레' 부분에서는 약간의 파도타기를 하듯 목소리에 자연스러운 떨림과 깊이를 준다. 이 구절은 감정을 절제하면서도 진심이 전달되도록 세심하게 불러야 한다.

약속과 헌신

'Insieme a te i o resterò, amore mio, sempre così.'
인씨에메 아 떼 이오 레스떼로 아모레 미오 쎔쁘레 꼬지

'나는 당신 곁에 머물 거예요, 내 사랑, 언제나 변함없이.'

'r' 발음을 약간 굴리며, 이탈리아어의 정서를 살린다. 부드러운 어조를 유지하되 가사에 담긴 약속과 헌신의 감정을 잊지 않고 전달해야 한다. 마지막 'sempre così쎔쁘레 꼬지'에서는 '지' 발음을 울려서 발음하며 약간의 여운을 주어 청중에게 깊은 감동을 남긴다.

더 가까이 다가오는 사랑

'Parla più piano e vieni più vicino a me, Voglio sentire
빠를라 삐우 삐아노 에 비에니 삐우 비치노 아 메 볼리오 쎈뜨레
gli occhi miei dentro di te.'
일 요끼 미에이 덴뜨로 디 떼

'나에게 더 가까이 와서 속삭여 줘요. 내 눈으로 당신의 마음을 느끼고 싶어요.'

이 부분은 성악적인 발성을 살려도 좋다. 가까이 다가오는 사랑의 감정을 섬세하게 표현해야 한다. 'vieni più vicino비에니 삐우 비치노'와 같은 단어에서는 리듬감을 유지하며 이탈리아어 발음을 명확하게 소화한다. 감정이 점차 깊어지는 구간이므로 목소리에 점진적인 힘을 실어야 한다.

마지막 소절: 절정과 웅장한 마무리

Nessuno sa la verità, è un grande amore e mai più
네쑤노   싸라 베리따 에 운 그란데   아모레   마이 삐우
grande esisterà.
그란데   에 지쓰떼라

'진실은 아무도 몰라요. 이보다 더 큰 사랑은 존재하지 않을 것
이기에.'

마지막 소절에서는 라장조로 전조되며 곡의 감정이 절정에 도달
한다. 이 구간은 웅장하고 담대하게 부르며 목소리에 강한 힘을 실
어야 한다. 테너 요나스 카우프만Jonas Kaufmann처럼 'la verità라 베
리따'의 '라'를 올려 부르며 극적인 표현을 더한다. 마지막 'esisterà
에 지쓰떼라'에서는 '지'를 고음으로 올려 '제'라고 발음하며 강렬한
여운을 남긴다.

🎼 영화 《시네마 천국》 주제가, 만약에(Se)

요즘 문득문득 귀에 걸려 무의식적으로 흥얼거리게 되는 멜로
디가 있다. 이 멜로디는 성악 오페라 최고위과정의 겨울 졸업공
연에서 부른 영화 《시네마 천국Cinema
Paradiso》의 주제곡인 〈러브 테마Love
Theme〉다. 이 곡은 이탈리아어 제목
으로 〈만약에Se〉라는 노래로도 불리
며 단순한 선율 속에 깊은 감정을 담
고 있어 듣는 이의 마음을 울린다. 이

《시네마 천국》의 한 장면

멜로디를 떠올리면 자연스레 봄날에 찻집에서 만났던 여성 대표와의 대화가 생각난다. 당시 우리는 과정에 대해 이런저런 이야기를 나누었는데 그 순간이 참 따뜻하고 인상 깊게 남아 있다.

그녀는 평소 자신의 목소리가 작아서 사람들 앞에서 제대로 노래를 부를 수 있을지 걱정이 많았다. 과연 성악을 배우는 것이 자신에게 적합한지 확신하지 못한 상태였다. 하지만 나는 발성법을 배우면 목소리가 충분히 커질 수 있으니 걱정할 필요가 없다고 자신 있게 이야기했다. 성악은 기술적 훈련과 자신감이 동시에 중요하다고 강조하며 과정이 진행되면 그녀도 스스로 변화를 체감하게 될 거라고 확신했다.

그녀는 이후 훈련에 열심히 참여하며 성장을 거듭했고 어느새 목소리도 커지고 노래 실력도 눈에 띄게 발전했다. 그녀가 졸업공연 무대에서 〈만약에Se〉를 부를 때 그 작은 목소리로 인해 고민하던 과거가 무색할 정도로 감동적인 무대를 보여주었다.

벨라비타 졸업공연에서 부르는 영화 《시네마 천국》 주제가 〈만약에(Se)〉

주인공 토토Toto와 알프레도Alfredo의 우정으로 깊은 감동을 남긴 영화《시네마 천국Cinema Paradiso》은 아름다운 음악과 함께 오랫동안 기억에 남는 명작이다. 이 영화는 1990년에 우리나라에서 개봉된 이탈리아 영화로 어린 소년과 극장 영사기사 사이의 우정과 성장을 그려낸 스토리가 많은 사람들에게 감동을 주었다.

영화 전편에 흐르는 주제가인 〈러브 테마Love Theme〉는 영화 음악의 거장 엔리오 모리꼬네Ennio Morricone가 작곡한 작품이다. 이 멜로디는 다양한 악기의 커버와 노래로 재해석되며 수많은 아티스트들에 의해 연주와 노래로 이어졌다. 특히 2001년, 미국 가수 조쉬 그로반Josh Groban이 자신의 앨범에 이 곡을 수록하면서 크로스오버 음악계에서도 주목받기 시작했다. 그 후 여러 성악가와 가수들이 이 노래를 부르며 자신만의 감정을 담아 새로운 매력을 더했다.

이 곡은 특히 우리나라에서도 많은 사랑을 받으며 재조명되고 있다. 가요와 성악을 넘나드는 크로스오버 성악가 손태진이 속한 포르테 디 콰트로Forte di Quattro가 이 노래를 불러 주목을 받으면서 다시금 역주행하며 인기를 끌고 있다. 손태진과 포르테 디 콰트로의 섬세한 감정 표현과 깊이 있는 해석이 더해지며 이 곡은 대중들에게 또 한 번 큰 감동을 주고 있다.

시네마 천국의 〈러브 테마〉는 단순한 영화 음악을 넘어 세대를 초월하는 우정과 사랑의 상징으로 남아 있다. 이 곡은 많은 사람들의 추억 속에 자리 잡고 있으며 다양한 아티스트들의 목소리로 새롭게 불릴 때마다 또 다른 감동을 선사하고 있다.

곡 해석과 연주 전략: 〈만약에(Se)〉

이 노래는 내림 가장조와 4분의 4박자로 구성되어 있으며 느리고 섬세한 감정을 담아 부르는 것이 중요하다. 노래 부르는 사람의 음색과 창법에 따라 다르게 해석될 수 있지만 중음과 저음을 부드럽게 연결하며 이탈리아어 자음 발음이 정확하게 들리도록 표현해야 한다.

첫 소절: 행복과 마법의 경계

'Se tu fossi nei miei occhi per un giorno,
쎄 뚜 포씨 네이 미에이 오끼 뻬 룬 조르노
Vedresti la bellezza che piena d'allegria,
베드레스띠 라 벨레짜 께 삐에나 달레그리아
i o trovo dentro gli occhi tuoi e ignaro se e magia o
이오 뜨로보 덴뜨로 일 오끼 뚜오이 에 인야로 제 에 마지아 오
realta.'
레알따

'만약 하루만이라도 나의 눈 속에 들어올 수 있다면,

당신은 행복으로 가득 찬 아름다움을 볼 수 있을 거예요.

당신의 눈 속에서 찾을 수 있어요. 그런데 그것이 마법인지 현실인지 모르겠어요.'

이 부분은 아름다운 전주와 함께 노래가 시작되며 첫 음 'Se쎄'를 부를 때 감정을 집중하여 소리의 위치를 잡아야 한다. 이 음은 노래의 전체적인 감정선을 결정짓기 때문에 섬세하고 명확하게 내주어야 한다. 'realta레알따'의 마지막 'ta따'는 플랫되지 않게 살짝 올려주며 끌어야 감정의 깊이가 잘 전달된다.

두 번째 소절: 가슴으로 숨 쉬는 사랑

'Se tu fossi nel mio cuore per un giorno,
쎄 뚜 포씨 넬 미오 꾸오레 뻬 룬 조르노
potresti avere un'idea di cio che sento io,
뽀뜨레스띠 아베레 운이데아 디 쵸 께 쎈또 이오
quando mi abbracci forte a te e petto a petto noi
콴도 미 압브라치 포르테 아 떼 에 뻬또 아 뻬또 노이
respiriamo insieme.'
레스삐리아모 인씨에메

'만약 하루만 내 마음 속으로 들어올 수 있다면,

내가 느끼는 것을 당신도 이해할 수 있을 거예요.

당신을 꽉 안아줄 때, 우리 가슴으로 함께 숨을 쉬어요.'

이 소절에서는 포근한 감정과 깊이 있는 사랑을 전달해야 한다. 'petto a petto뻬또 아 뻬또'에서는 목소리를 부드럽게 끌며, 마치 숨결이 느껴지듯 가사를 표현한다. 감정의 밀도를 높여 부르며 부드러운 호흡을 유지해 노래 전체가 안정적으로 들리도록 한다. 특히 'respiriamo insieme레스삐리아모 인씨에메'에서의 자연스러운 레가토는 두 사람의 일체감을 완벽히 표현해야 한다.

세 번째 소절: 영혼의 고백과 사랑의 절정

'Se tu fossi nella mia anima un giorno,
쎄 뚜 포씨 넬라 미아 아니마 운 조르노
sapresti cosa sento in me che m'innamorai,
싸쁘레스띠 꼬자 쎈또 인 메 께 미나모라이
da quell'istante insieme a te e cio che provo è
다 껠리스딴떼 인씨에메 아 떼 에 쵸 께 쁘로보 에
solamente amore.'
쏠라멘떼 아모레

'만약 언젠가 내 영혼 속에 들어온다면,

내가 어떤 감정을 느끼는지 알게 될 거예요.

그 순간부터 당신과 함께 내가 느끼는 것은 오직 사랑뿐이에요.'

이 부분은 영혼 깊이에서 우러나오는 사랑의 고백을 담아야 한다.
'sapresti사쁘레스띠'와 'm´innamorai미나모라이' 같은 단어에서 감정을 고조시키며 'solamente amore쏠라멘떼 아모레'는 여운을 남기도록 부드럽게 마무리한다. 마지막 소절에서는 감정의 흐름이 절정에 이르도록 목소리의 힘과 부드러움을 동시에 조절해야 한다.

마무리

'da quell´istante insieme a te e cio che provo è
다   껠리스딴떼   인씨에메   아 떼에 쵸 께   쁘로보 에
solamente amore.'
쏠라멘떼   아모레

마지막 소절에서는 감정을 정리하며 한 번 더 반복해 부른다. 이탈리아어 자음을 정확히 발음해 여운을 주며 곡의 감동적인 마무리를 완성한다. 호흡을 깊게 가져가면서도 목소리를 잔잔하게 끌어 여운을 극대화해야 한다. 'solamente amore쏠라멘떼 아모레'의 마지막 단어에서 음을 천천히 끌어내며 청중에게 깊은 감동을 전할 수 있도록 한다.

🎼 뮤지컬 《지킬 앤 하이드(Jekyll&Hyde)》 넘버, 〈지금 이 순간〉

결혼식 축가로도 유명한 뮤지컬 《지킬 앤 하이드Jekyll & Hyde》의 넘버, 〈지금 이 순간〉을 소개한다. 이 노래를 듣기 위해 뮤지컬 《지킬 앤 하이드》를 두 번 연속 관람한 적이 있다. 첫 번째 공연에서는 오랫동안 기다려온 이 곡이 기대에 미치지 못해 약간의 아쉬움이 남았었다. 그런데 운 좋게도 표 구하기가 어려운 홍광호 출연 공연 자리가 나서 서둘러 관람하게 되었다.

명불허전이라는 말이 맞는지 공연 내내 모든 관객이 숨죽인 채 무대에 몰입하는 모습이 인상적이었다. 특히 〈지금 이 순간〉을 부를 때의 감동은 이루 말할 수 없었으며 노래가 끝난 후 이어진 커튼콜은 여러 차례 반복되며 공연장의 열기를 더했다. 혼자 테너와 바리톤을 번갈아 가면서 땀에 흠뻑 젖어 열창하는 모습이 압권이었다.

보통 오페라와 뮤지컬의 차이를 이야기할 때 가장 먼저 언급되는 것이 마이크 사용 여부이다. 오페라에서는 성악가들이 마이크 없이 발성으로 무대를 채우며 연기와 노래를 동시에 소화한다. 반면 뮤지컬은 연극 영화과 출신 배우들이 마이크

를 사용해 노래와 연기를 병행하는 경우가 많다. 용어에서도 차이가 있는데 오페라에서의 주요 노래는 아리아라고 부르고 뮤지컬에서는 넘버라고 한다.

그러나 최근에는 오페라와 뮤지컬의 경계가 점차 허물어지고 있다. 오페라는 파격적인 무대 연출과 현대적 해석을 시도하며 새로운 관객층을 끌어들이고 있다. 뮤지컬도 발레와 무용 등을 적극적으로 도입하며 더욱 관객 친화적인 공연으로 변화하고 있다. 이처럼 두 장르 모두 전통을 고수하기보다는 새로운 시도를 통해 더 많은 이들에게 사랑받고 있다.

이 노래는 레슬리 브리커스Leslie Bricusse 작사, 프랭크 와일드혼 Frank Wildhorn 작곡으로 탄생했다. 한국판은 이수진 번안곡으로 한국에서 공전의 히트를 기록한 《지킬 앤 하이드》 덕분에 대부분의 사람들이 뮤지컬 넘버하면 이 곡을 가장 먼저 떠올린다.

지금 이 순간에 내 모든 것을 바치겠다는 느낌의 가사와 잔잔하게 시작해 힘차게 마무리되는 웅장한 멜로디 덕분에 이 노래는 대중적으로 큰 인기를 얻었다. 그 결과 러브송이나 결혼식 축가로도 자주 사용된다. 하지만 실제 극의 내용에서 이 노래는 단순한 사랑의 서약과는 거리가 멀다. 극 중 '지킬Jekyll'은 자신의 몸을 실험 대상으로 삼아 선한 지킬과 악의 화신 '하이드Hyde'로 분리한다. 예상치 못하게 '하이드Hyde'가 몸을 지배하며 비극적인 결말에 이르게 된다.

이 노래는 두 역할을 모두 소화해야 하는 만큼 연기력과 가창력이 동시에 요구된다. 가수는 극의 흐름에 따라 테너tenor와 바리톤 baritone 음역대를 자유롭게 넘나들어야 한다. 감정이 폭발하는 구간에서는 목소리에 힘을 실어야 하고 서정적인 부분에서는 부드럽게 감정을 절제하는 섬세함이 필요하다. 멜로디가 고조되며 극의 절정을 표현하는 이 곡을 완벽히 부르기 위해서는 엄청난 체력과 에너지가 요구된다.

곡 해석과 연주 전략: 〈지금 이 순간〉

이 노래는 내림 마장조와 4분의 4박자로 이루어져 있으며 매 단락마다 '지금 이 순간'으로 시작해 감정이 단계적으로 고조된다. 감정의 변화가 뚜렷한 곡이므로 각 구절에 따라 감정의 흐름을 섬세하게 표현해야 한다. 곡은 점진적으로 절정에 도달하며 마지막 반키 상승으로 확신과 의지를 극대화해야 한다.

결심의 시작

'지금 이 순간 지금 여기 간절히 바라고 원했던 이 순간

나만의 꿈이 나만의 소원 이뤄질지 몰라 여기 바로 오늘'

이 부분은 결정과 고민의 시작을 담고 있다. 간절한 마음이 표현되지만 감정을 절제하며 담담하게 전달해야 한다. 꿈과 소원이 이루어질지 모르는 기대와 불안이 혼재된 순간이다. '지금 이 순간'과 '지금 여기'는 길게 끌지 말고 또렷하게 끊어 부른다. '오늘'은 대사처럼 간결하고 자연스럽게 표현해 과장된 감정을 피하며 노래

보다 가사 전달에 집중하며 담담한 어조로 부른다.

감정의 시작

'지금 이 순간 지금 여기 말로는 뭐라 할 수 없는 이 순간

참아온 나날 힘겹던 날 다 사라져간다 연기처럼 멀리'

이 단락은 감정이 서서히 고조되는 구간이다. '참아온 나날'과 '힘겹던 날'에서는 억눌린 고통과 회한을 표현하며 마지막에 모든 고난이 사라지는 희망의 전환점을 암시한다. 첫 번째 감정적 전환점을 표현하며 다음 단락을 예고한다.

확신과 결단

'지금 이 순간 마법처럼 날 묶어왔던 사슬을 벗어 던진다

지금 내겐 확신만 있을 뿐 남은 건 이젠 승리뿐

그 많았던 비난과 고난을 떨치고 일어서 세상으로 부딪쳐 맞설 뿐'

이 구절은 고난을 극복하며 결단과 승리를 다짐하는 장면이다. 모든 속박을 떨쳐내고 새로운 시작을 선언하는 순간으로 확신과 자신감이 강조된다. '사슬을 벗어 던진다'에서는 실제로 무언가를 던지듯 힘차게 발음한다. '승리뿐'과 '맞설 뿐'은 단호한 어조로 부르며 결단의 감정을 극대화한다.

절정으로의 도달

'지금 이 순간 내 모든 걸 내 육신마저 내 영혼마저 다 걸고

던지리라 바치리라 애타게 찾던 절실한 소원을 위해'

이 부분은 극의 절정으로 모든 것을 걸고 소원을 이루기 위해 결단하는 장면이다. 확신과 희생의 의지가 느껴지며 감정이 최고조에 도달한다. '던지리라'와 '바치리라'는 한 음 한 음 확실히 끊어지르며 표현한다. 감정의 절정을 표현하기 위해 호흡을 깊게 가져가며 강렬한 음색으로 불러야 한다.

반키 상승과 절규

'지금 이 순간 나만의 길 당신이 나를 버리고 저주하여도
내 마음 속 깊이 간직한 꿈 간절한 기도 절실한 기도 신이여
허락하소서!'

마지막 단락에서는 마장조로 전조되며 곡이 한층 더 고조된다. 간절한 기도와 소원을 절규하듯 부르며 모든 감정을 쏟아 붓는 장면이다. '간절한 기도'와 '절실한 기도'는 고음을 내리듯 부드럽게 끌어준다. 마지막 '서' 앞에서는 최대한 깊게 호흡을 하고 음을 이끌어 내듯 길게 부른다. 이 부분은 감정과 목소리를 극대화하여 청중에게 강렬한 여운을 남겨야 한다.

🎼 우정의 노래(Stein Song)

〈우정의 노래Stein Song〉는 벨라비타 성악 오페라 최고위과정의 단체 송으로 졸업공연 전까지 전 기수가 배우고 익히며 단합과 소속감을 다지는 곡이다. 이 노래는 졸업공연 후 뒤풀이에서 힘차게 부르며 식당이나 파티 등에서도 즉흥적인 퍼포먼스로 분위기를 고조시키는 전통이 자리 잡았다. 예상치 못한 순간에 펼쳐지는 공연은 손님들에게도 큰 호응을 얻으며 즐거운 시간을 선사한다.

〈Stein Song〉은 성악의 전통적인 아리아나 진지한 가곡과는 달리 신나고 유쾌한 분위기를 연출하는 곡으로 참여자와 청중 모두에게 에너지를 전달하며 함께 부르는 경험을 통해 공감과 연결을 만들어낸다. 이 노래는 원래 미국 메인주립대학University of Maine에서 응원가로 불려오던 〈Maine Stein Song〉으로 작가 링컨 컬코드Lincoln Colcord와 작곡가 에이덜버트 스프라Adelbert Sprague가 함께 만들었으며 이후 대학 아이스하키팀에서 주로 사용되는 곡이 되었다. 'Stein'은 독일어로 큰 맥주잔을 의미하며 축배의 의미를 상징적으로 담고 있어 결속과 축하의 의미를 극대화한다. 힘차고 유쾌한 분위기 덕분에 남녀노소 누구나 쉽게 따라 부를 수 있으며 성악가들이나 유명 음악회에서도 공연되는 등 축하의 자리에서 꾸준히 사랑받고 있다.

곡 해석과 연주 전략: 〈우정의 노래(Stein Song)〉

이 노래는 8분의 6박자, 내림 가장조로 작곡된 흥겨운 곡으로 전

결혼식 행진 시 부르는 〈우정의 노래〉

주의 경쾌한 '따라라란, 따라라란' 리듬에서부터 즐거운 분위기가 시작된다. 이 곡은 전체적으로 리듬감과 에너지를 중시하며 앞 음정을 강조해 가며 힘차게 부르는 것이 특징이다. 각 파트에서 감정의 고조와 함께 팀워크가 필요하기 때문에 파트별 중창 전략이 중요하다.

첫 번째 소절과 리듬 유지

다 함께 '소리 높여 외쳐라 하늘이 떠나가게
손에 손을 맞잡고서 다 함께 노래 부르세, 자!
잔을 가득 채워서 축배를 높이 드세,
여기 모인 친구 정다운 나의 친구여'

첫 부분에서 '소'를 '쏘'라고 발음하며 강하게 시작해야 한다. 발음을 정확하게 끊으며 점진적으로 소리가 강해지도록 불러준다. 이어지는 '하늘이 떠나가게'에서는 문장을 끊어서 부르며 실제로 하늘이 떠나갈 정도로 힘차게 외치듯이 표현하는 것이 중요하다.

손과 손을 맞잡는 동작을 부드럽게 연기하며 이때 네 박자 리듬을 정확히 맞춰 가사를 전달해야 한다. '다 함께 노래 부르세, 자!' 부분에서는 계단을 오르듯이 점진적으로 고조시키며, 마지막 '세'에서 세 박자 부르고 파이팅을 외치며 주먹을 들어 올린다. 이 대목에서는 합창 단원 간의 연습이 필수적이다.

남성 파트와 여성 파트의 구분 및 중창 전략

'남성 우정을 위하여 우리 다 함께 이 잔을 드세나
여성 사랑을 위하여 우리 다 함께 이 잔을 드세나
남성 미래를 위하여 우리 다 함께 이 잔을 드세나
여성 운명의 여신은 우릴 웃으며 반기리라 오!'

같은 음정과 포지션을 유지하며 박진감 있게 부르는 것이 핵심이다. '드세나' 부분은 된소리로 발음해 '듯쎄나'처럼 처리하면 더욱 힘차게 들린다. 이처럼 발음을 통해 에너지를 표현하는 것은 이 곡에서 중요한 연주 전략이다. 이 구간에서는 가사와 리듬의 일관성을 유지하며 반복되는 패턴을 정확히 따라야 한다. 가사가 '우정이 사랑이 되고 미래를 약속하며 운명이 된다'는 흐름으로 이어지기 때문에 이 논리적 연결을 기억해 두면 순서가 혼동되지 않는다.

다시 돌아가서 '소리 높여 외쳐라'에서 '반기리라'까지 전부 다 부르고 마지막 한 번 더 '소리 높여 외쳐라'를 부르며 곡의 에너지를 최고조로 끌어올린다.

마지막 구간은 곡의 피날레를 향해 나아가는 중요한 순간으로 모든 참여자가 감정을 최대치로 표현하며 연주에 집중해야 한다. 이어지는 '축배를 높이 드세, 여기 다시 모인 친구 정다운 나의 친구여'에서는 각자의 음역대에 맞춰 부르는데 고음이 어려운 사람은 앞 절의 음정에 맞춰 안정적으로 부르고 고음을 낼 수 있는 테너나 소프라노는 자신감 있게 음을 질러 마무리한다. 이때 테너와 소프라노의 고음은 청중의 마음을 사로잡는 하이라이트가 되므로 준비 과정에서 충분한 연습이 필요하다. 마지막 '친구여'에서는 하나씩 끊어 부르고 손을 흔들며 마무리한다.

🎼 유 레이즈 미 업(You Raise Me Up)

허름한 외모의 노신사가 유럽의 길거리에서 부르던 이 노래에 사람들의 마음이 움직여 지나가던 아이가 조용히 동전을 놓고 가는 유튜브 동영상에서 우리는 삶의 작은 순간들에 깃든 따뜻한 울림을 느낄 수 있다. 이는 단순히 노래를 잘 부르는 것을 넘어 그 노래가 누군가에게 의미 있는 메시지를 전달하는 순간을 보여준다. 이런 풍경이 감동적인 이유는 음악이 사람과 사람을 연결하는 매개체가 되기 때문이다.

필자가 코이카 후원으로 아시아와 아프리카에서 온 IT 공무원들의 석사과정 강의를 하면서 학생들에게 이 노래를 가르치고 연말 공연에서 함께 노래하였다. 공연은 단순한 음악 발표를 넘어 타국에서 온 외로운 이들에게 위로와 응원의 메시지를 담는 이벤트가 되었다. 특히 이 노래의 핵심 메시지인 '당신이 있기에 내가 일어설 수 있다'라는 가사는 외로움과 연대감을 표현하며 강한 공감을 이끌어냈다. 그들이 이 노래를 자신들의 파티 주제가로 삼고 여운을 나눴다는 이야기를 들었을 때 필자는 깊은 행복을 느꼈다.

이 노래는 가사와 멜로디의 은은함이 특징적이다. 그렇기에 조용한 모임이나 결혼식 축가로 자주 사용되며 성악 발성을 가미해 부를 경우 그 감동의 깊이가 더욱 배가 된다. 노래는 잔잔하지만 지속적으로 마음에 여운을 남긴다. 이처럼 사람들에게 공감과 힘을 주는 노래는 단순한 음악 이상의 의미를 지니며 삶의 순간들을 더욱 특별하게 만들어 주는 역할을 한다.

〈유 레이즈 미 업You Raise Me Up〉는 아일랜드의 전통 민요 〈런던데리의 노래Londonderry Air〉를 바탕으로 시크릿 가든Secret Garden의 롤프 뢰블란드Rolf Løvland가 편곡하고 브렌든 그라함Brendan Graham이 작사한 곡이다. 이 노래는 2003년 조쉬 그로반Josh Groban의 목소리로 처음 전 세계적으로 알려졌고 이후 2005년에는 웨스트라이프Westlife의 리메이크 버전으로 더욱 인기를 끌었다. 우리나라에서는 가수 소향이 불후의 명곡에서 부르며 큰 감동을 주었고 이를 통해 대중적으로 더욱 널리 알려졌다.

숭실대학원 석사과정, 아시아 아프리카 IT 공무원들과 함께 부르는 〈유 레이즈 미 업〉

곡 해석과 연주 전략: 〈유 레이즈 미 업(You Raise Me Up)〉

이 곡은 내림 마장조와 4분의 4박자로 작곡되었으며 A-B1-B2-B3-B4 형식으로 구성된다. 이 구조에서 후렴구가 반복될 때마다 반키씩 상승하며 감정을 고조시킨다. 그러나 상황에 따라 키를 올리지 않고도 충분히 감동을 줄 수 있다. 곡은 전주에서 피아노의 음이 7번 울리면서 시작되는데 이 음을 듣고 마음을 차분히 가라앉힌 후 기도하듯 시작해야 한다.

A 파트: 고난 속에 있는 내면의 고백

A파트의 첫 소절인 'When I am down and oh my soul so weary내가 힘들고 영혼이 지쳐 있을 때'에서는 'down'에 집중해 감정의 무

게를 담아 부드럽게 내려준다. 'and oh'는 부드럽게 연결하되 '앤
도'로 발음하여 자연스러움을 살려야 한다.

다음 소절 'When troubles come and my heart burdened
be고난이 닥쳐와 내 마음을 짓누를 때'에서는 'my heart burdened마이 하웃 버
으든'의 발음에 유의하면 노래의 감정이 더 깊게 전달된다.

이어지는 구절 'Then I am still and wait here in the silence,
until you come and sit a while with me침묵 속에서 기다립니다. 당신
이 내 곁에 와 조용히 앉을 때까지'에서는 한 음씩 또박또박 올리며 부드럽
게 감정을 이어나간다. 'with me'를 '윗미'로 발음하여 자연스럽
게 처리하는 것이 중요하다.

B 파트와 후렴: 희망과 의지의 표현

'You raise me up so I can stand on mountains'

'당신 덕분에 산 위에 설 수 있고'

'You raise me up to walk on stormy seas'

'당신이 있어 폭풍우 속 바다를 걸으며,'

'I am strong when I am on your shoulders'

'당신의 어깨가 내게 힘을 줍니다.'

'You raise me up to more than I can be'

'당신 덕분에 내가 할 수 있는 것보다 더 많이 이룰 수 있습니다.'

이 구절에서는 'raise me up'에 강한 의미를 실어 산을 오르는
결의와 의지를 표현해야 한다. 여기에서는 'I am strong'을 고조

시켜 부르며 'shoulders'에서는 음을 살짝 낮춰 감정의 흐름을 표현한다. 두 번째 반복에서는 'strong'을 낮추고 'shoulders'를 높여 대조적인 감정을 표현한다. 세 번째와 마지막 반복되는 후렴구에서는 'I am strong'을 고음으로 절규하듯 시작한 후 음을 차분히 내려오며 부른다. 그리고 마지막 소절 'You raise me up to more than I can be당신 덕분에 내가 할 수 있는 것보다 더 많이 이룰 수 있습니다'는 마지막 음이 끝날 때까지 여운을 남기며 마무리한다.